Klasse 8-10

Friedhelm Heitmann

Deutsche Geschichte 1933-1945

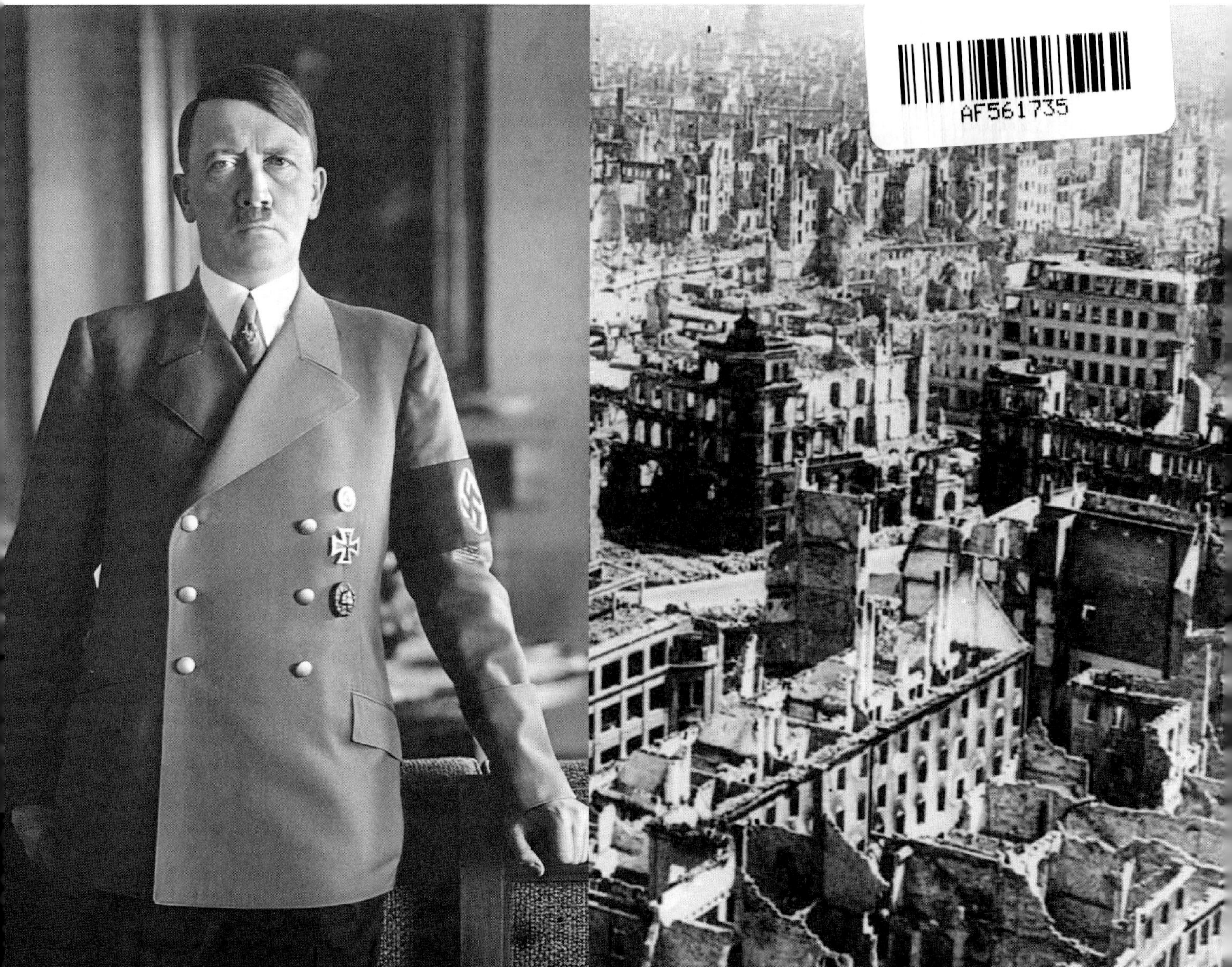

Klar strukturierte Arbeitsblätter für einen informativen Überblick

Deutsche Geschichte von 1933 bis 1945

Klar strukturierte Arbeitsblätter für einen informativen Überblick

5. Auflage 2026

Inhalt: Friedhelm Heitmann
Umschlagbild: © Bundesarchiv - wikimedia.com
(Portrait Hilter, Bild 183-H1216-055-002)
(Zerstörtes Dresden, Bild 183-Z0309-310)
Redaktion: Kohl-Verlag
Grafik & Satz: Kohl-Verlag
Druck: farbo prepress GmbH, Köln

Bestell-Nr. 12 339

ISBN: 978-3-96624-012-3

Kontakt: Kohl-Verlag, An der Brennerei 37-45, 50170 Kerpen
Tel: +49 2275 331610, Mail: info@kohlverlag.de

Inhalt

Deutsche Geschichte von 1933 bis 1945
Ein informativer Überblick – Bestell-Nr. 12 339

Inhalt

Vorwort

Liebe Kolleginnen, liebe Kollegen,

Sie halten in Ihren Händen bzw. vor Ihnen liegt möglicherweise auf einem Tisch der Band „Deutsche Geschichte 1933-1945". Dieser Band folgt dem ebenfalls von mir verfassten Werk: „Deutsche Geschichte von 1900 bis 1933". Der Zeitraum 1933-1945 umfasst einen ganz dunklen Abschnitt der deutschen Geschichte, nämlich die menschenverachtende Herrschaft (= Diktatur) der Nationalsozialisten.

Der vorliegende Band behandelt die deutsche Geschichte 1933-1945 nicht in allen Einzelheiten, sondern im wesentlichen Verlauf. Dabei geht es um die Vermittlung, Festigung und Überprüfung von historischen Kenntnissen sowie Erkenntnissen. Die präsentierten Materialien sind bestimmt für den Einsatz in den höheren Klassenstufen der Sekundarstufe I. Dargeboten werden vielfältige Informations- und Arbeitsblätter. Sie gingen hervor aus meiner vieljährigen Lehrertätigkeit und erwiesen sich als geeignet für den Unterricht. Auf den Arbeitsblättern gilt es für die Schülerinnen und Schüler zum einen Textverständnis zu beweisen, im Weiteren wird von den Heranwachsenden die eigene Meinung zu historischen Ereignissen und Abläufen gefordert. Verlangt wird von den Schülerinnen und Schüler auch, sich sprachlich allgemeinverständlich sowie grammatisch korrekt auszudrücken.

Für Hinweise auf etwaige Fehler im Band und sonstige Verbesserungsvorschläge sei im Voraus gedankt. Viele Erfolge bei der Verwendung der angebotenen Materialien wünschen Ihnen das Team des Kohl-Verlages und

Friedhelm Heitmann

1 Machtübernahme durch die Nationalsozialisten 1933

Geschichte live: 30.01.1933

Paul von Hindenburg

Wir haben den 30. Januar 1933, es ist ein Montag. Ort des Geschehens ist die deutsche Hauptstadt Berlin. Kurz nach 12 Uhr am Mittag ernennt und vereidigt der 85 Jahre alte deutsche Reichspräsident von Hindenburg den 43-jährigen Nationalsozialisten Hitler in der Reichskanzlei zum Reichskanzler. Ebenfalls beruft und vereidigt der Reichspräsident die weiteren Mitglieder der Reichsregierung. Zwei andere Nationalsozialisten (Frick und Göring), jeweils ein Mitglied der Deutschnationalen Volkspartei und des Stahlhelms sowie konservativ eingestellte Parteilose gehören auch zur Reichsregierung. Hitler verspricht dem Reichspräsidenten die Regeln der parlamentarischen Demokratie einzuhalten.

Am Abend dieses Tages ziehen etwa 20 000 Männer der SA bzw. des Stahlhelms mit Fackeln durch das Regierungsviertel Berlins und durch das Brandenburger Tor. Auch in anderen deutschen Städten und in so manchen Dörfern gibt es am Abend des 30.01.1933 Aufmärsche mit Fackeln, durchgeführt von Mitgliedern der SA, des Stahlhelms und weiteren Personen. Die SA (= Sturmabteilung) ist eine Kampf- und Propagandaorganisation der Nationalsozialistischen Deutschen Arbeiterpartei (NSDAP), der Stahlhelm ein Zusammenschluss von Soldaten, zunächst von deutschen Kämpfern im Ersten Weltkrieg. Als sich Hitler an einem Fenster eines Nebengebäudes der Reichskanzlei zeigt, kommt ganz großer Jubel auf. Auch viele Zuschauer am Straßenrand strecken den rechten Arm aus und rufen „Heil Hitler!" Die Marschierer ziehen bis nach Mitternacht durch die Straßen. Dabei singen sie u. a. das Deutschlandlied („Deutschland, Deutschland über alles …") und das SA-Kampflied „Die Fahnen hoch". Das SA-Kampflied „Die Fahnen hoch" wird auch als Horst-Wessel-Lied bezeichnet. Horst Wessel war ein Sturmführer der SA. Er dichtete das Lied. 1930 wurde er von KPD-Mitgliedern getötet.

Fackelzug der Nationalsozialisten durch Berlin

Aufgabe 1: *Fasse kurz zusammen, was am 30.01.1933 in Berlin passierte. Folgende Begriffe helfen dir dabei.*

30.01.1933 • Reichspräsident • Reichskanzler
parlamentarische Demokratie • Fackelumzug

Adolf Hitler – wer war das?

Adolf Hitler stammte aus der unmittelbar an der Grenze zu Deutschland gelegenen österreichischen Kleinstadt Braunau/Inn. Dort wurde er am 20.04.1889 als Sohn einer Hausfrau und eines Postbeamten geboren. In der Schule galt Hitler als intelligent, schaffte jedoch den Realschulabschluss nicht. Hitlers Anträge in Wien Kunst, später Architektur zu studieren wurden abgelehnt. Zeitweise verdiente Hitler als Maler von Postkarten Geld zum Lebensunterhalt. Nach dem Umzug nach München (1913) meldete sich Hitler beim Ausbruch des Ersten Weltkrieges (1914) zum Militärdienst im bayerischen Heer. Als einfacher Soldat (= Gefreiter) hatte Hitler das Glück, den Ersten Weltkrieg (1914-1918) zu überleben.

Danach machte Hitler eine politische Karriere. Er baute die Nationalsozialistische Deutsche Arbeiterpartei (NSDAP) auf. Sein illegaler Versuch, im Jahr 1923 in München gewaltsam mit einem Putsch[1] (=„Hitler-Putsch") die Macht zu übernehmen, gelang nicht. Für den Putsch musste Hitler als Strafe nur eine sehr kurze Zeit (9 Monate) in einem Gefängnis verbringen. Während dieser Zeit schrieb er seine Programmschrift „Mein Kampf", welche im Jahr 1925 erstmals veröffentlicht wurde.

Hitler gelang es im Verlauf der Weimarer Republik (1919-1933) mit seinen rednerischen Fähigkeiten immer mehr Deutsche für sich zu gewinnen und in seinen Bann zu ziehen. Gegen Ende der zwanziger Jahre bekamen Hitler und die NSDAP mehr und mehr Zulauf sowie Wählerstimmen. Aber erst im Jahr 1932 erhielt Hitler die deutsche Staatsbürgerschaft, nachdem er zuvor durch den nationalsozialistischen Innenminister von Braunschweig zum Regierungsrat ernannt worden war.

Hindenburg und Hitler

Am 30.01.1933 berief der schon sehr alte deutsche Reichspräsident von Hindenburg den Nationalsozialisten Hitler zum Reichskanzler des Landes. Hitler errichtete mit seinen nationalsozialistischen Gefolgsleuten in Deutschland eine Diktatur. Er herrschte als Diktator. Nach dem Tod des Reichspräsidenten von Hindenburg im Sommer 1934 übernahm Hitler auch dessen Amt und bezeichnete sich von jetzt an als „Reichskanzler und Führer". Etwa 12 Jahre lang herrschten Hitler und dahinter geordnet andere führende Nationalsozialisten in grausamer, menschenverachtender Weise in Deutschland, zeitweise auch in anderen besetzten Gebieten. Am 30.04.1945 entzog sich Hitler einer späteren Verantwortung vor Gericht durch Selbstmord.

[1] Putsch = Versuch, die Regierung zu stürzen und selbst die Macht zu übernehmen

KOHL VERLAG
Deutsche Geschichte von 1933 bis 1945
Ein informativer Überblick – Bestell-Nr. 12 339

Aufgabe 2: *Schreibe mit Hilfe des vorangehenden Textes in Stichwörtern Hitlers Lebenslauf chronologisch auf.*

Adolf Hitler

Geburtsdatum: ______________________________

Geburtsort: ______________________________

Schulbildung: ______________________________

Studium: ______________________________

Weiterer Lebenslauf:

1913 ______________________________

1914 ______________________________

ab 1918 ______________________________

1923 ______________________________

1932 ______________________________

1933 ______________________________

1934 ______________________________

1945 ______________________________

Aufgabe 3: *Beschreibe mit Hilfe des Textes die Persönlichkeit Adolf Hitlers. Verwende Adjektive.*

____

____

____

Aufgabe 4: *Weißt du, was der Begriff Diktatur bedeutet? Schreibe auf.*

____

____

____

____

____

KOHL VERLAG Deutsche Geschichte von 1933 bis 1945

Der Nationalsozialismus – Wähler, Anhänger, Mitglieder

Die NSDAP (= **N**ational**s**ozialistische **D**eutsche **A**rbeiter**p**artei) gewann ab Beginn der dreißiger Jahre, also noch während der Zeit der Weimarer Republik, an Wählerstimmen. In Hitler sahen die Wähler der NSDAP den starken Mann, der Probleme wie z. B. die Arbeitslosigkeit und die Folgen des Versailler Vertrages von 1919 bewältigt. Bei den Reichstagswahlen im November 1932 erlangte die NSDAP 33,1 % der Wählerstimmen.

Nach der Ernennung Hitlers zum deutschen Reichskanzler erreichte die NSDAP bei den Reichstagswahlen im März 1933 43,9 % der Wählerstimmen und bildete zusammen mit der DNVP (Deutschnationale Volkspartei), die 8 % der Wählerstimmen gewann, die Regierung in Deutschland. Nachdem außer der NSDAP alle anderen Parteien verboten waren, besaßen die Nationalsozialisten die alleinige politische Herrschaft in Deutschland.

Reichstagswahl 1933

Wahlkreis Potsdam II

1	Nationalsozialistische Deutsche Arbeiter-Partei (Hitler-Bewegung) Hitler — Dr. Frick — Göring — Dr. Goebbels	1	○
2	Sozialdemokratische Partei Deutschlands Künstler — Dr. Löwenstein — Heinig — Frau Kunert	2	○
3	Kommunistische Partei Deutschlands Thälmann — Ulbricht — Dahlem — [illegible]	3	○
4	Deutsche Zentrumspartei Dr. Brüning — Dr. Krone — Schmitt — Bernoth	4	○
5	Kampffront Schwarz-weiß-rot Dr. Hugenberg — Steinhoff — Frau Lehmann — Timm	5	○
7	Deutsche Volkspartei [illegible] — Frau Dr. Matz — Lübecke — [illegible]	7	○
8	Christlich-sozialer Volksdienst (Evangelische Bewegung) Behrens — Weinitschke — Fräulein Wolff — Dietz	8	○
9	Deutsche Staatspartei Dr. Schreiber — [illegible] — Frau Dr. Lüders — Dr. Goepel	9	○
10	Deutsche Bauernpartei Professor Dr. Fehr	10	○
12	Deutsch-Hannoversche Partei Meyer — Preße — Meier — [illegible]	12	○
15	Sozialistische Kampfgemeinschaft Erdmann — Schmidt — Happach — [illegible]	15	○

Ab 1933 ließen sich immer mehr Deutsche durch die Nationalsozialisten beeinflussen, ja verführen und wurden deren Anhänger. Bei aller heutiger Kritik am genannten Verhalten vieler Deutscher gilt es zu bedenken:

Es war für die deutsche Bevölkerung schwer, sich dem Nationalsozialismus zu entziehen. Einerseits betrieben die Nationalsozialisten eine intensive Propaganda, die so manche Deutsche zu Anhängern des Nationalsozialismus werden ließen. Auch bot der Nationalsozialismus berufliche Chancen, u. a. Möglichkeiten zum Aufstieg. Im Weiteren organisierten und kontrollierten die Nationalsozialisten umfassend die Lebensbereiche der Bevölkerung. Wer sich zu widersetzen versuchte, lebte mit großer Angst um sein Leben. In der Zeit der nationalsozialistischen Herrschaft (1933-1945) nahm die Zahl der Mitglieder in der NSDAP zu. Die Mitgliederzahl der NSDAP soll im Januar 1933 ca. 850 000, im Jahr 1939 etwa 5 300 000 und im Jahr 1945 ungefähr 8 500 000 betragen haben.

Aufgabe 5: *Erkläre mit Hilfe des Textes, wie es der NSDAP gelang, die Wähler für sich zu gewinnen und ab 1933 die Macht zu festigen.*

Deutsche Geschichte von 1933 bis 1945
Ein informativer Überblick – Bestell-Nr. 12 339
KOHL VERLAG

Die Ideologie des Nationalsozialismus

Die wesentlichen Bestandteile der nationalsozialistischen Ideologie[1]:

Nationalsozialismus

Antikommunismus
- Kampf gegen die kommunistische regierte Sowjetunion
- Kampf gegen die Ausbreitung des Kommunismus

Antidemokratie
- keine freien Wahlen
- keine Meinungsfreiheit
- keine Pressefreiheit
- . . .

Führerprinzip + Führerverehrung
hierarchisch geordnetes System mit Hitler an der Spitze

Antisemitismus (= Judenhass)
Hinstellung der Juden als „Schmarotzer", Juden dienen als „Sündenbock"

Sozialdarwinismus
Leben = Kampf, bei dem sich der Stärkere durchsetzt

Nationaler Sozialismus
Aufbau einer geschlossenen Volksgemeinschaft, nicht Aufhebung der sozialen Unterschiede

Rassismus
Behauptung, die arische (= nordische, deutsche) Rasse habe den höchsten Wert und sei berechtigt, über andere Völker zu herrschen.

Nationalsozialismus, Imperialismus
- Korrektur des Versailler Vertrages (1919)
- Schaffung von Lebensraum im Osten
- schließlich Erringung der Weltherrschaft in Deutschland

Die Ideologie des Nationalsozialismus schrieb Hitler nieder in seinem Buch „Mein Kampf". Band 1 dieses Buches wurde erstmals im Jahr 1925 veröffentlicht, Band 2 zum ersten Mal 1927.

Aufgabe 6: *Verfasse mit Hilfe des Schaubilds einen Text über die Ideologie des Nationalsozialismus! Schreibe in vollständigen Sätzen.*

[1] = Weltanschauung; ideo (griech.) = Erscheinung/Form + logos (griech.) = Kunde/Darstellung

1 Machtübernahme durch die Nationalsozialisten 1933

„Nicht nur der begabte, auch der schönste Mensch ist der Mensch nordischer Rasse."

„Die Juden sind unser Unglück"

„Führer befiehl, wir folgen!"

„Der Führer schützt das Recht."

„Recht ist, was dem deutschen Volk nützt."

„Die deutsche Jugend muss sein: hart wie Kruppstahl, zäh wie Leder und flink wie ein Wiesel."

„Du bist nichts, dein Volk ist alles."

„In unsere Fäuste fällt, wer sich uns entgegenstellt."

Aufgabe 7: *Beantworte die Fragen.*

a) Suche dir drei dieser Parolen aus: Was sagen sie aus?

____

____

____

____

____

b) Was meinst du dazu?

____

____

____

____

KOHL VERLAG
Deutsche Geschichte von 1933 bis 1945
Ein informativer Überblick – Bestell-Nr. 12 339

Hitlers außenpolitische Visionen

In seinem Buch „Mein Kampf" schrieb Hitler u. a. seine außenpolitischen Visionen[1] auf. Hitler ging davon aus, dass Deutschland entweder Weltmacht Nr. 1 wird oder gar nichts, d. h. untergeht. Gemäß Hitler sollte Deutschland (≈ die arische Rasse) in drei Stufen expansiver Außenpolitik die Weltherrschaft erringen. Für Deutschland gelte es, zunächst die kontinentaleuropäische, anschließend die überseeisch-atlantische und schließlich die universale Weltmacht zu werden.

Die erste Stufe, die Hitler als seine zentrale Aufgabe betrachtete, sah – unter vorläufigem Verzicht auf überseeisch-koloniale Expansion – das Bündnis mit Großbritannien vor. Mit dieser Rückendeckung verfolgte er das Ziel, die Sowjetunion zu unterwerfen, um den für Deutschland angestrebten „Lebensraum im Osten" zu realisieren. Das so vergrößerte Deutschland sollte nach der Ausschaltung der Sowjetunion und Frankreichs neben den USA, dem britischen Empire und Japan den Status einer Weltmacht erlangen.

Bei einer Rede am 3. Februar 1933 erwähnte Hitler den Osten als Kriegsziel:

> *„Wie soll politische Macht, wenn sie gewonnen ist, gebraucht werden? Jetzt noch nicht zu sagen. Vielleicht Erkämpfung neuer Export-Möglichkeiten, vielleicht – und wohl besser – Eroberung neuen Lebensraums im Osten und dessen rücksichtslose Germanisierung."*

Auf der nächsten Stufe sei es für Deutschland die Aufgabe, sich nach Übersee auszudehnen, um seine Weltmachterstellung durch kolonialen Besitz zu erweitern. Nunmehr würde Deutschland der USA als Feind gegenüberstehen.

Zur dritten Stufe gehöre der Kampf gegen die USA, Großbritannien sowie Japan. Nach den Siegen habe Deutschland die unumschränkte Weltherrschaft inne und übe diese aus.

Aufgabe 8: *Beschreibe kurz in eigenen Sätzen Hitlers außenpolitische Visionen!*

Aufgabe 9: *Welche Meinung hast du zu Hitlers außenpolitischen Visionen?*

[1] visio (lat.) = Anblick, Erscheinung, Vorstellung

2 Die Nationalsozialisten festigen ihre Diktatur

Die Erringung und Festigung der Alleinherrschaft durch die Nationalsozialisten

Nach der Ernennung Hitlers zum deutschen Reichskanzler gelang es den Nationalsozialisten, in relativ kurzer Zeit die Alleinherrschaft an sich zu reißen und zu festigen. Wesentliche Maßnahmen dabei waren:

- Politische Gegner (zunächst die Kommunisten) wurden verfolgt. Gefasste Personen kamen in errichtete Konzentrationslager.
- Die NSDAP wurde die Staatspartei, andere Parteien wurden verboten.
- Wichtige Grundrechte wie z.B. Meinungsfreiheit, Pressefreiheit, Versammlunsfreiheit, Post- und Briefgeheimnis wurden eingeschränkt oder außer Kraft gesetzt.
- Die Regierung unter Hitler verschaffte sich das Recht, Gesetze selbst zu beschließen (= „Ermächtigungsgesetz“). Damit verlor der Reichstag seine Bedeutung.
- Die Geheime Staatspolizei (Gestapo) wurde gebildet.
- Der Volksgerichtshof wurde eingerichtet.
- Die einzelnen Länder innerhalb Deutschlands, die Länderparlamente und der Reichsrat wurden aufgelöst. Deutschland wurde in Gaue aufgeteilt ohne Parlamente.
- Die Gewerkschaften wurden aufgelöst, die Deutsche Arbeiterfront (DAF) entstand.

Die Nationalsozialisten brachten alle Lebensbereiche unter ihre Kontrolle (= „Gleichschaltung“). Nach dem Tod des Reichspräsidenten von Hindenburg übernahm Hitler im August 1934 auch dessen Amt. Hitler nannte sich von jetzt an „Führer und Reichskanzler“.

Aufgabe 1: *Richtig oder falsch? Kreuze an und korrigiere anschließend die falschen Aussagen.*

		Richtig	Falsch
a)	Wenn eine Person oder eine Partei allein herrscht, nennt man das Diktatur.		
b)	Während des Nationalsozialismus konnten die Bürger verschiedene Parteien wählen.		
c)	Das „Ermächtigungsgesetz“ war ein Gesetz, mit dem den Bürgern mehr Mitbestimmungsrechte gegeben werden sollten.		
d)	Im Nationalsozialismus wurden politische Gegner durch die Gestapo verhaftet.		

Aufgabe 2: *Warum sind Meinungsfreiheit, Pressefreiheit, Versammlungsfreiheit und das Post- und Briefgeheimnis so wichtig?*

Deutsche Geschichte von 1933 bis 1945
Ein informativer Überblick – Bestell-Nr. 12 339
KOHL VERLAG

„Gesetz zur Behebung der Not von Volk und Reich"

(= „Ermächtigungsgesetz")

G e s e t z
zur
Behebung der Not von Volk und Reich.
Vom 24.März 1933.

Der Reichstag hat das folgende Gesetz beschlossen, das mit Zustimmung des Reichsrats hiermit verkündet wird, nachdem festgestellt ist, daß die Erfordernisse verfassungändernder Gesetzgebung erfüllt sind:

Artikel 1

Reichsgesetze können außer in dem in der Reichsverfassung vorgesehenen Verfahren auch durch die Reichsregierung beschlossen werden. Dies gilt auch für die in den Artikeln 85 Abs.2 und 87 der Reichsverfassung bezeichneten Gesetze.

Artikel 2

Die von der Reichsregierung beschlossenen Reichsgesetze können von der Reichsverfassung abweichen, soweit sie nicht die Einrichtung des Reichstags und des Reichsrats als solche zum Gegenstand haben. Die Rechte des Reichspräsidenten bleiben unberührt.

Artikel 3

Die von der Reichsregierung beschlossenen Reichsgesetze werden vom Reichskanzler ausgefertigt und im Reichsgesetzblatt verkündet. Sie treten, soweit sie nichts anderes bestimmen, mit dem auf die Verkündung folgenden Tage in Kraft. Die Artikel 68 bis 77 der Reichsverfassung finden auf die von der Reichsregierung beschlossenen Gesetze keine Anwendung.

Artikel 4

Verträge des Reichs mit fremden Staaten, die sich auf Gegenstände der Reichsgesetzgebung beziehen, bedürfen nicht der Zustimmung der an der Gesetzgebung beteiligten Körperschaften. Die Reichsregierung erläßt die zur Durchführung dieser Verträge erforderlichen Vorschriften.

Artikel 5

Dieses Gesetz tritt mit dem Tage seiner Verkündung in Kraft. Es tritt mit dem 1.April 1937 außer Kraft; es tritt ferner außer Kraft, wenn die gegenwärtige Reichsregierung durch eine andere abgelöst wird.

Berlin, den 24.März 1933.

Der Reichspräsident
von Hindenburg

Der Reichskanzler
Adolf Hitler

Der Reichsminister des Innern
Frick

Der Reichsminister des Auswärtigen
Frhr. von Neurath

Der Reichsminister der Finanzen
Graf Schwerin von Krosigk

KOHL VERLAG Deutsche Geschichte von 1933 bis 1945

Aufgabe 3: *Eine Voraussetzung für Demokratie ist die Gewaltenteilung. Erkläre, was damit gemeint ist.*

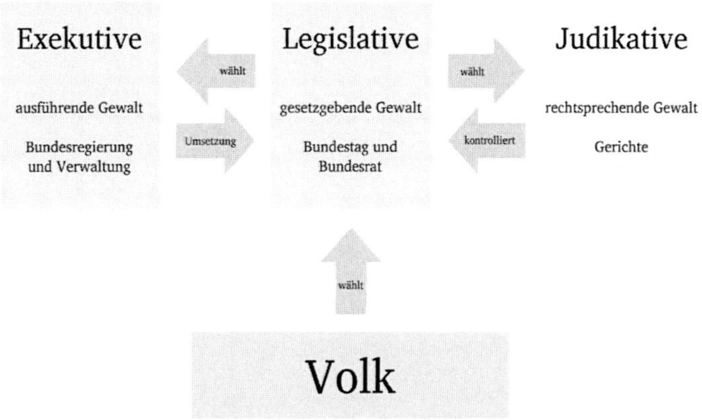

Exekutive
ausführende Gewalt
Bundesregierung und Verwaltung

Legislative
gesetzgebende Gewalt
Bundestag und Bundesrat

Judikative
rechtsprechende Gewalt
Gerichte

wählt
Umsetzung
wählt
kontrolliert
wählt

Volk

Aufgabe 4: *Beantworte folgende Fragen:*

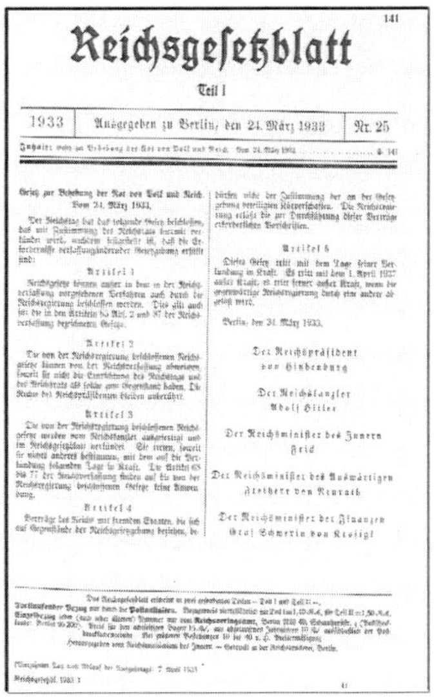

Reichsgesetzblatt
Teil I
1933 | Ausgegeben zu Berlin, den 24. März 1933 | Nr. 25

a) *Das „Gesetz zur Behebung der Not von Volk und Reich" wird auch als „Ermächtigungsgesetz" bezeichnet. Wieso?*

b) *Welche Folgen hatte das Gesetz für den Reichstag?*

c) *Wie beurteilst du das Gesetz?*

KOHL VERLAG Deutsche Geschichte von 1933 bis 1945 Ein informativer Überblick – Bestell-Nr. 12 339

Die Propaganda der Nationalsozialisten

Der Begriff „Propaganda“[1] bezeichnet die schriftliche, mündliche und bildliche Verbreitung von Meinungen und Ideen, meist über die Massenmedien. Ziel ist es, andere von der eigenen Meinung zu überzeugen. Zum Beispiel werden nur bestimmte Nachrichten verbreitet, während andere tabu sind. Im Nationalsozialismus gab es sogar das sogenannte Ministerium für Volksaufklärung und Propaganda. Es war dafür zuständig, die Medien zu kontrollieren und die Deutschen auf den Krieg vorzubereiten.

Aufgabe 5: *Ergänze folgende Satzendungen mit den anschließenden zehn Satzanfängen:*

- beinflussenden Fähigkeiten tat dies Goebbels.
- der nationalsozialistischen Herrschaft im Jahr 1945 inne.
- eigene Denken sowie Kritik am Nationalsozialismus von vornherein zu verhindern.
- für Volksaufklärung und Propaganda (= Propagandaminister).
- Mann mit sehr großer Geltungssucht.
- Ministerium für Volksaufklärung und Propaganda.
- positiv dargestellt, dafür sorgte das Ministerium.
- Presse, den Rundfunk und die Filmindustrie.
- Propaganda eine besondere Rolle.
- Werbung für den nationalsozialistischen Staat zu machen.

a) Im Nationalsozialismus spielte die ____________________

b) Die Nationalsozialisten schufen das ____________________

____

c) Im März 1933 wurde Josef Goebbels Reichsminister ____________________

____

d) Er hatte dieses Amt bis zum Ende ____________________

e) Goebbels war ein untersetzter, an einem Fuß behinderter ____________________

____

f) Zusammen mit seinen Mitarbeitern oblag Goebbels die Aufgabe, ____________________

____

g) Mit großem Eifer und das deutsche Volk ____________________

h) Der überzeugte Nationalsozialist lenkte, ja herrschte über die ____________________

____

i) Der Nationalsozialismus wurde in der Öffentlichkeit ____________________

____

j) Die Propaganda diente dazu, in der Bevölkerung das ____________________

____

[1] Propaganda = Werbung, Ausbreitung: propagare (lat.) = ausdehnen, (weier)verbreiten

Führerkult

Der Begriff Führerkult bedeutet so viel wie Führerverehrung. Für viele Menschen war Adolf Hitler ein Vorbild. So wurden beispielsweise Straßen, Plätze, Schulen und Stadien nach ihm benannt.

Adolf Hitler!
Dir sind wir allein verbunden! Wir wollen in
dieser Stunde das Gelöbnis erneuern:

Wir glauben
auf dieser Erde allein an Adolf Hitler.

Wir glauben,
dass der Nationalsozialismus der allein
seligmachende Glaube für unser Volk ist.

Wir glauben,
dass es einen Herrgott im Himmel gibt, der uns
geschaffen hat, der uns führt, der uns lenkt
und der uns sichtbarlich segnet.

Und wir glauben,
dass dieser Herrgott uns Adolf Hitler gesandt
hat, damit Deutschland für alle Ewigkeit ein
Fundament werde.

Reichsleiter Dr. Robert Ley am 10. September 1937
Aus dem „Schulungsbrief" der NSDAP, IV. Jahrgang 4. Folge, 1937

Aufgabe 6: *Beantworte die folgenden Fragen.*

a) *Was ist der Inhalt des oberen Textes?*

____

____

____

b) *Wozu diente der Text?*

____

____

____

c) *Welche eigene Meinung hast du zum Text?*

____

____

____

Aufgabe 7: *Finde die acht versteckten Wörter. Erkläre anschließend, welche Rolle der jeweilige Aspekt in der Diktatur des Nationalsozialismus spielte.*

L	M	J	Z	R	W	X	A	V	E	I	Z	T	Y	H	P
F	R	E	I	H	E	I	T	S	R	E	C	H	T	E	F
Ü	K	B	V	D	R	W	X	A	M	G	D	P	Q	J	R
H	G	D	P	Q	J	S	D	Y	Ä	Q	F	L	M	J	Z
R	R	W	X	A	K	B	V	D	C	R	W	X	A	B	M
E	G	L	E	I	C	H	S	C	H	A	L	T	U	N	G
R	K	B	V	D	N	V	L	T	T	I	Z	T	Y	H	B
K	I	Z	T	Y	H	G	F	E	I	G	D	P	Q	J	N
U	A	M	G	P	R	O	P	A	G	A	N	D	A	K	U
L	G	D	P	Q	J	E	U	H	U	H	S	W	N	F	X
T	T	P	N	H	I	B	V	D	N	K	B	V	D	B	A
I	Z	T	Y	H	K	B	X	P	G	R	W	X	A	C	P
L	M	J	Z	G	G	E	G	K	S	G	D	P	Q	J	J
K	B	V	D	Z	S	L	T	V	G	E	S	T	A	P	O
G	D	P	Q	J	W	S	W	K	E	R	W	X	A	V	L
D	L	L	M	J	Z	H	M	C	S	K	B	V	D	P	X
I	Z	T	Y	H	R	W	X	A	E	I	Z	T	Y	H	H
Y	G	E	W	A	L	T	E	N	T	E	I	L	U	N	G
I	Z	T	Y	H	H	L	P	G	Z	G	D	P	Q	J	S

KOHL VERLAG Deutsche Geschichte von 1933 bis 1945

3 Kinder, Jugendliche und Frauen im Nationalsozialismus

Nationalsozialistische Erziehung im Kindergarten

Schon im Kindergarten wurden die Heranwachsenden im nationalsozialistischen Sinne erzogen.

Ein Kindergartengebet:

„Hände falten, Köpfchen senken
und an Adolf Hitler denken,
der uns gibt das tägliche Brot
und uns führt aus aller Not …"

Kinderbücher im Nationalsozialismus

Der Text eines Liedes für Vorschulkindertagesstätten:

„Unseren Führer lieben wir,
unseren Führer ehren wir,
unserem Führer folgen wir,
bis wir Männer werden.
An unseren Führer glauben wir,
für unseren Führer leben wir,
für unseren Führer sterben wir,
bis wir Helden werden."

Aufgabe 1: *Beantworte die Fragen.*

a) *Was beinhalten die beiden Texte?*

____

____

____

____

____

____

____

b) *Wie beurteilst du das Gebet und das Lied?*

____

____

____

____

____

Deutsche Geschichte von 1933 bis 1945
Ein informativer Überblick – Bestell-Nr. 12 339
KOHL VERLAG

Schule in Deutschland in der Zeit der nationalsozialistischen Herrschaft

- Die Lehrerin bzw. der Lehrer begrüßte die Schüler mit den Worten „Heil Hitler!“. Die Schüler hatten genauso zu antworten.
- Des Öfteren mussten die Schüler sagen und schreiben: „Wir danken dem Führer.“
- Im Unterricht wurde über die Bedeutung und Macht(stellung) Deutschlands gesprochen.
- Die Schüler lernten, die arische (= germanische, nordische) Rasse sei zur Herrschaft über andere Völker bestimmt.
- Immer wieder hörten oder lasen die Schüler den Satz: „Die Juden sind unser Unglück.“
- Ahnentafeln hatten die Schüler aufzustellen, um ihre Abstammung aufzuzeigen und nachzuweisen.
- Auch sollten die Heranwachsenden verinnerlichen: „Leben bedeutet zu kämpfen. Der Stärkere setzt sich durch.“
- Der Sportunterricht diente dazu, die Schüler körperlich fit und durchsetzungsfähig zu machen.
- Den Heranwachsenden wurde vermittelt, Behinderte seien eine große (u. a. finanzielle) Belastung für Deutschland.
- Eingetrichtert wurde den Schülern: „Du bist nichts, dein Volk ist alles …“ oder „Gemeinnutz kommt vor Eigennutz …“

Aufgabe 2: *Wie hättest du dich in der Schule und außerhalb verhalten, wenn du während der nationalsozialistischen Herrschaft in Deutschland eine Schülerin bzw. ein Schüler wärest?*

Die Heranwachsenden im Nationalsozialismus

Die Nationalsozialisten legten u. a. großen Wert auf die Erziehung und Ausbildung der Heranwachsenden. Bereits kleine Kinder, die einen Kindergarten besuchten, wurden im nationalsozialistischen Sinne erzogen. So wurde Hitler als fürsorglich dargestellt, dem man vertrauen könne und zu dem emporgeblickt werden müsse.

Junge beim Schießunterricht (Hitlerjugend)

In der Schule hatte die Ausbildung körperlicher Fähigkeiten Vorrang vor der Förderung geistiger Fähigkeiten. Der Sportunterricht spielte in der Schule eine große Rolle. Es ging dabei um die Steigerung von physischen Leistungen. Aber auch psychische Elemente wie Kampfgeist, Willensstärke, Tapferkeit und Mut wurden geschult.

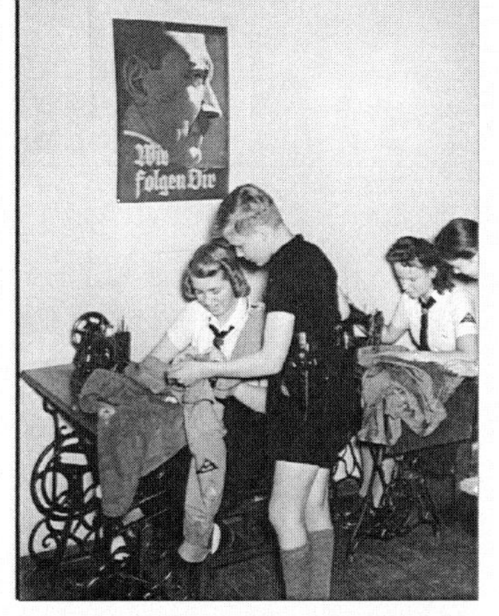

Nähstube (Bund Deutscher Mädel)

In der Hitlerjugend (männliche 10- bis 14-Jährige ➲ Pimpfe; männliche 14- bis 18- Jährige ➲ Hitlerjugend) wurden die Jungen ab dem Alter von 10 Jahren noch stärker nationalsozialistisch erzogen und ausgebildet. Die Heranwachsenden wurden darauf vorbereitet, später Soldat zu werden und zu sein. Für die Mädchen gab es den Bund Deutscher Mädel (weibliche 10- bis 14-Jährige ➲ Jungmädel; weibliche 14- bis 18-Jährige ➲ Bund Deutscher Mädel). Auch von den Mädchen wurden sportliche Leistungen verlangt. Im Weiteren wurden die Mädchen im Hinblick auf ihre spätere Rolle als Hausfrau und Mutter angelernt.

Aufgabe 3: *Worauf legten die Nationalsozialisten in der Erziehung und Ausbildung der Heranwachsenden besonderen Wert, worauf nicht? Beschreibe in eigenen Sätzen.*

____

____

____

____

Aufgabe 4: *Streiche durch, was die Nationalsozialisten von den Heranwachsenden nicht erwarteten.*

Demokratisches Denken – Disziplin – Einzelpersönlichkeit – Gehorsam – Intelligenz – Kameradschaft – Körperliche Stärke – Kritikfähigkeit – Nationalstolz – Zuverlässigkeit

Deutsche Geschichte von 1933 bis 1945
Ein informativer Überblick – Bestell-Nr. 12 339
KOHL VERLAG

Gesetz über die Hitlerjugend
Vom 1. Dezember 1936

Von der Jugend hängt die Zukunft des deutschen Volkes ab. Die gesamte deutsche Jugend muss deshalb auf ihre künftigen Pflichten vorbereitet werden. Die Reichsregierung hat daher das folgende Gesetz beschlossen, das hiermit verkündet wird:

§ 1

Die gesamte deutsche Jugend innerhalb des Reichsgebietes ist in der Hitlerjugend zusammengefasst.

§ 2

Die gesamte deutsche Jugend ist außer in Elternhaus und Schule in der Hitlerjugend körperlich, geistig und sittlich im Geiste des Nationalsozialismus zum Dienst am Volk und zur Volksgemeinschaft zu erziehen.

§ 3

Die Aufgabe der Erziehung der gesamten deutschen Jugend in der Hitlerjugend wird dem Reichsjugendführer der NSDAP übertragen. Er ist damit „Jugendführer des Deutschen Reichs". Er hat die Stellung einer Obersten Reichsbehörde mit dem Sitz in Berlin und ist dem Führer und Reichskanzler unmittelbar unterstellt.

§ 4

Die zur Durchführung und Ergänzung dieses Gesetzes erforderlichen Rechtsverordnungen und allgemeinen Verwaltungsvorschriften erläßt der Führer und Reichskanzler.

Berlin, den 1. Dezember 1936

Der Führer und Reichskanzler
Adolf Hilter

Aufgabe 5: *Beantworte die folgenden Fragen.*

a) *Was ist der Hauptinhalt des Gesetzes über die Hitlerjugend?*

____

____

____

____

b) *Was hältst du von dem Gesetz über die Hitlerjugend?*

____

____

____

Die Rolle der Frauen während der NS-Herrschaft

In der Ideologie des Nationalsozialismus spielten die Frauen eine den Männern untergebene Rolle. Die Nationalsozialisten teilten den Frauen den Aufgabenbereich zu, Hausfrau und Mutter zu sein. Die Frauen sollten für das Fortbestehen des deutschen Volkes möglichst viele Kinder gebären. In den Vorstellungen der Nationalsozialisten sollte die Familie zumindest vier Kinder haben. Frauen mit mindestens vier eigenen Kindern erhielten als Auszeichnung das Mutterkreuz.

Nationalsozialistisches Propagandabild

Ab 1933 wurden Frauen aus dem öffentlichen Berufsleben verdrängt. Frauen, die ihren Beruf aufgaben und heirateten, bekamen einen damals beträchtlichen Geldbetrag in Höhe von 1000 Mark.

Mutterkreuz

Verheiratete Frauen, deren Männer im öffentlichen Dienst berufstätig waren, wurden aus dem öffentlichen Dienst entlassen. Dies geschah, damit die Arbeitslosigkeit in Deutschland abgebaut wurde und sich die Frauen auf ihre zugewiesene Rolle der Hausfrau und Mutter konzentrierten. Im Zweiten Weltkrieg waren die allermeisten Männer als Soldaten im Einsatz. Deshalb wurden Frauen – wenn sie nicht mehrere Kinder zu versorgen hatten – gezwungen, u. a. in der Rüstungsindustrie, im Sanitätsdienst oder im Luftschutz zu arbeiten.

Aufgabe 6: *Beantworte folgende Fragen.*

a) *Welche Aufgaben hatten die Frauen während der NS-Herrschaft zu erfüllen?*

____

____

____

b) *Wie beurteilst du die Aufgaben, die die Frauen während der NS-Herrschaft zu erfüllen hatten?*

____

____

____

KOHL VERLAG Deutsche Geschichte von 1933 bis 1945 Ein informativer Überblick – Bestell-Nr. 12 339

Exkurs: Antisemitismus in der Geschichte

Antisemitismus bedeutet Hass auf, Abneigung und Feindschaft gegenüber Juden. Der Begriff Antisemitismus besteht zum einem aus dem Wort „Anti" (griech.), was so viel bedeutet wie „gegen". Die Bezeichnung Semitismus ist abgeleitet von Sem, dem ältesten Sohn des im Alten Testament der Bibel erwähnten Stammvaters Noah. Als Semiten bezeichnet man eigentlich alle aus Arabien stammenden, in Vorderasien und Nordafrika ansässigen Völker mit semitischer Sprache. Irreführend ist, dass sich der Begriff Antisemitismus nur auf die Juden bezieht.

Der Ausdruck Antisemitismus wurde in der zweiten Hälfte des 19. Jahrhunderts von dem deutschen Journalisten F.W.A. Marr (1819-1904) geprägt. Er gründete im Jahr 1879 die Antisemiten-Liga. Judenfeindlichkeit besteht jedoch bereits seit über 2500 Jahren. Durch die Römer wurden die allermeisten Juden im 1. und 2. Jahrhundert n. Chr. aus ihrem Lebensraum Palästina vertrieben. In der Antike, im Mittelalter und in der Neuzeit verfolgte man weltweit oftmals die Juden aus religiösen, wirtschaftlichen und gesellschaftlichen Gründen. Juden wurde u. a. vorgeworfen:

- Jesus Christus ermordet zu haben;
- einen eigenen religiösen Glauben zu praktizieren;
- Krankheiten ausgelöst zu haben;
- Hungersnöte bewirkt zu haben;
- (weitere) Morde begangen zu haben;
- viel Geld mit z. B. Wucherzinsen verdient zu haben;
- sich von der sonstigen Bevölkerung in Städten bewusst abzusondern.

Gegen Ende des 19. Jahrhunderts und im 20. Jahrhundert nahm in verschiedenen Ländern die Feindschaft gegenüber Juden zu. Dazu trugen auch so manche Schriftsteller (Graf de Gobineau, N.S. Chamberlain …) bei, indem sie mit heute nicht mehr haltbaren Rassentheorien die angebliche Überlegenheit der „arischen Rasse" u. a. gegenüber den Juden (= Rassenantisemitismus) verkündeten.

Der Antisemitismus wurde also von den Nationalsozialisten nicht erfunden, von ihnen aber – vor allem mit der Ermordung von ca. 6. Millionen Juden – auf die Spitze getrieben.

Darstellung eines Judenpogroms in der Schedelschen Weltchronik, Nürnberg 1493

4 Umgang mit Juden und Behinderten im Nationalsozialismus

Aufgabe 1: *Beantworte die folgenden Fragen.*

a) *Antisemitismus – was ist damit gemeint?*

b) *Erkläre die Herkunft des Begriffs Antisemitismus!*

c) *Von wem stammt der Begriff Antisemitismus? Zu welcher Zeit entstand die Bezeichnung?*

d) *Nenne verschiedene Gründe, weshalb (die) Juden verfolgt wurden!*

e) *Inwiefern trugen manche Schriftsteller zur Zunahme des Antisemitismus bei?*

Aufgabe 2: *Diese Karikatur erschien auf dem Titelblatt einer französischen antisemitischen Zeitschrift. Wie werden die Juden dort dargestellt?*

Ihr Vaterland

Deutsche Geschichte von 1933 bis 1945
Ein informativer Überblick – Bestell-Nr. 12 339

Die Judenverfolgung durch die Nationalsozialisten

Durch die Nationalsozialisten hatten ganz besonders die Juden[1] zu leiden. Hitler und andere Nationalsozialisten bezeichneten die Juden als:

- Schmarotzer bzw. Parasiten, die auf Kosten anderer leben;
- Schuldige an der deutschen Niederlage im Ersten Weltkrieg sowie an wirtschaftlichen Miseren;
- Kulturzerstörer;
- Hinterhältige;
- Untermenschen;
- Unglück für Deutschland;
- Verkörperung des Bösen, Schlechten ...

All diese Behauptungen waren unwahr. Dennoch glaubten viele nichtjüdische Deutsche an die Richtigkeit dieser Aussagen. Andere Deutsche wagten es nicht, den Nationalsozialisten zu widersprechen. Den Nationalsozialisten dienten die Juden als „Sündenbock", auf die sich viele Dinge abwälzen ließen.

Nachdem Hitler Deutscher Reichskanzler geworden war, wurden die Juden zunächst geächtet und allmählich aus dem öffentlichen Leben ausgeschaltet. Sodann wurden den deutschen Juden mit dem „Gesetz zum Schutz des deutschen Blutes und der deutschen Ehre" (1935) viele Rechte genommen. Ab 1938 kam es zur Verfolgung, Abschiebung und danach zum Abtransport von Juden in Konzentrationslager. Am Abend des 09.11.1938 und in der Nacht vom 09.11. zum 10.11.1938 (= „Reichskristallnacht") verwüsteten Nationalsozialisten und deren Anhänger viele jüdische Geschäfte, Synagogen und Wohnungen. Schließlich ordneten führende Nationalsozialisten ab 1941 die Massentötung[2] der Juden an. Viele Juden wurden in Konzentrationslagern mit Gas (Zyklon B) umgebracht. Im Zeitraum der nationalsozialistischen Herrschaft wurden in Deutschland und in den von Deutschland beherrschten Gebieten etwa 6 Millionen Juden ermordet. Verhältnismäßig wenige Juden überlebten die Inhaftierung in Konzentrationslagern. Andere Juden wurden außerhalb von Konzentrationslagern (z. B. in großen Sandgruben oder Steinbrüchen) erschossen.

Brand der Synagoge in Rostock, 1938

[1] Semiten (sem.) = Sohn Noahs; Judenfeindlichkeit = Antisemitismus
[2] Holocaust (engl.) = Massenvernichtung

Aufgabe 3: *Beantworte die Fragen zum Text.*

a) *Was behaupteten Hitler und andere Nationalsozialisten über die Juden?*

____

____

____

b) *Wie reagierten nichtjüdische Deutsche auf die unwahren Behauptungen der Nationalsozialisten?*

____

____

____

c) *Welchen Zweck erfüllten die Juden für die Nationalsozialisten?*

____

____

____

d) *Welche vier Phasen der Judenverfolgung durch die Nationalsozialisten lassen sich unterscheiden?*

1. ______________________________
2. ______________________________
3. ______________________________
4. ______________________________

Blick auf die Haupteinfahrt des KZ Auschwitz-Birkenau

Deutsche Geschichte von 1933 bis 1945
Ein informativer Überblick – Bestell-Nr. 12 339

„Gesetz zum Schutze des deutschen Blutes und der deutschen Ehre"

Gesetz zum Schutze des deutschen Blutes
und der deutschen Ehre

Durchdrungen von der Erkenntnis, daß die Reinheit des deutschen Blutes die Voraussetzung für den Fortbestand des deutschen Volkes ist, und beseelt von dem unbeugsamen Willen, die deutsche Nation für alle Zukunft zu sichern, hat der Reichstag einstimmig das folgende Gesetz beschlossen, das hiermit verkündet wird.

§ 1

(1) Eheschließungen zwischen Juden und Staatsangehörigen deutschen oder artverwandten Blutes sind verboten. Trotzdem geschlossene Ehen sind nichtig, auch wenn sie zur Umgehung dieses Gesetzes im Auslande geschlossen sind.

(2) Die Nichtigkeitsklage kann nur der Staatsanwalt erheben.

§ 2

Außerehelicher Verkehr zwischen Juden und Staatsangehörigen deutschen oder artverwandten Blutes ist verboten.

§ 3

Juden dürfen weibliche Staatsangehörige deutschen oder artverwandten Blutes unter 45 Jahren nicht in ihrem Haushalt beschäftigen.

§ 4

(1) Juden ist das Hissen der Reichs- und Nationalflagge und das Zeigen der Reichsfarben verboten.

(2) Dagegen ist ihnen das Zeigen der jüdischen Farben gestattet. Die Ausübung dieser Befugnis steht unter staatlichem Schutz.

§ 5

(1) Wer dem Verbot des § 1 zuwiderhandelt, wird mit Zuchthaus bestraft.

(2) Der Mann, der dem Verbot des § 2 zuwiderhandelt, wird mit Gefängnis oder mit Zuchthaus bestraft.

(3) Wer den Bestimmungen der § 3 oder § 4 zuwiderhandelt, wird mit Gefängnis bis zu einem Jahr und mit Geldstrafe oder mit einer dieser Strafen bestraft.

§ 6

Der Reichsminister des Innern erläßt im Einvernehmen mit dem Stellvertreter des Führers und dem Reichsminister der Justiz die zur Durchführung und Ergänzung des Gesetzes erforderlichen Rechts- und Verwaltungsvorschriften.

§ 7

Das Gesetz tritt am Tage nach der Verkündung, § 3 jedoch erst am 1. Januar 1936 in Kraft.

Nürnberg, den 15. September 1935,

Der Führer und Reichskanzler
Der Reichsminister des Inneren
Der Reichsminister der Justiz
Der Stellvertreter des Führers

Gesetz zum Schutze des deutschen Blutes
und der deutschen Ehre

Durchdrungen von der Erkenntnis, daß die Reinheit des deutschen Blutes die Voraussetzung für den Fortbestand des deutschen Volkes ist, und beseelt von dem unbeugsamen Willen, die deutsche Nation für alle Zukunft zu sichern, hat der Reichstag einstimmig das folgende Gesetz beschlossen, das hiermit verkündet wird.

§ 1

(1) Eheschließungen zwischen Juden und Staatsangehörigen deutschen oder artverwandten Blutes sind verboten. Trotzdem geschlossene Ehen sind nichtig, auch wenn sie zur Umgehung dieses Gesetzes im Auslande geschlossen sind.

(2) Die Nichtigkeitsklage kann nur der Staatsanwalt erheben.

§ 2

Außerehelicher Verkehr zwischen Juden und Staatsangehörigen deutschen oder artverwandten Blutes ist verboten.

§ 3

Juden dürfen weibliche Staatsangehörige deutschen oder artverwandten Blutes unter 45 Jahren nicht in ihrem Haushalt beschäftigen.

§ 4

(1) Juden ist das Hissen der Reichs- und Nationalflagge und das Zeigen der Reichsfarben verboten.

(2) Dagegen ist ihnen das Zeigen der jüdischen Farben gestattet. Die Ausübung dieser Befugnis steht unter staatlichem Schutz.

§ 5

(1) Wer dem Verbot des Paragraphen 1 zuwiderhandelt, wird mit Zuchthaus bestraft.

(2) Der Mann, der dem Verbot des Paragraphen 2 zuwiderhandelt, wird mit Gefängnis oder mit Zuchthaus bestraft.

(3) Wer den Bestimmungen der Paragraphen 3 oder 4 zuwiderhandelt, wird mit Gefängnis bis zu einem Jahr oder mit Geldstrafe oder mit einer dieser Strafen bestraft.

§ 6

Der Reichsminister des Innern erläßt im Einvernehmen mit dem Stellvertreter des Führers und dem Reichsminister der Justiz die zur Durchführung und Ergänzung des Gesetzes erforderlichen Rechts- und Verwaltungsvorschriften.

§ 7

Das Gesetz tritt am Tage nach der Verkündung, § 3 jedoch erst am 1. Januar 1936 in Kraft.

Nürnberg, 15. September 1935.

Der Führer und Reichskanzler.
Der Reichsminister des Innern.
Der Reichsminister der Justiz.
Der Stellvertreter des Führers.

Aufgabe 4: *Beantworte die Fragen.*

a) Was besagte das „Gesetz zum Schutze des deutschen Blutes und der deutschen Ehre"?

b) Was hältst du von diesem Gesetz?

Die Reichspogromnacht (9./10. November 1938)

Am 7.11.1938 erschoss der 17-jährige nach Frankreich ausgewanderte jüdische Jugendliche Herrschel Grynzspan ein Mitglied der deutschen Botschaft in Paris. Anlass für diese Tat war, die Familie des 17-Jährigen war von Deutschland nach Polen zwangsvertrieben worden. Das Attentat nutzten die Nationalsozialisten inszeniert vom Reichpropagandaminister Goebbels für eine groß angelegte Aktion gegen Juden in Deutschland und Österreich aus. Am Abend und in der Nacht vom 09. und 10.11.1938 zündeten Nationalsozialisten und deren Anhänger über 1 400 Synagogen sowie sonstige religiöse Versammlungsräume der Juden an. Außerdem zerstörten und plünderten die Übeltäter sehr viele jüdische Geschäfte und Wohnungen. Zudem wurden Friedhöfe der Juden verwüstet. Im Zeitraum 07.-13.11.1938 sollen ungefähr 800 Juden ermordet und ca. 30 000 in Konzentrationslager gebracht worden sein. Die Juden mussten alle durch den Pogrom entstandenen Schäden und Zerstörungen selbst bezahlen. Ferner wurden den Juden als „Sühneleistung" die Zahlung von 1 Million Reichsmark auferlegt. Die Reichspogromnacht ging auch zynisch (≈ spöttisch) in die Geschichte ein als „Reichskristallnacht".

Zerstörtes jüdisches Geschäft in Magdeburg

Aufgabe 5: *Lange Zeit wurden die Novemberpogrome[1] auch als „Reichskristallnacht" bezeichnet. Kannst du dir vorstellen und sagen, warum diese Bezeichnung heute kritisiert wird?*

[1] Pogrom (russ.) = Verwüstung

KOHL VERLAG Deutsche Geschichte von 1933 bis 1945 Ein informativer Überblick – Bestell-Nr. 12 339

Konzentrationslager

Aufgabe 6: *Setze die folgenden Wörter im anschließenden Text an der richtigen Stelle ein:*

Außenlager – Deutschland – Gegner – Juden – Konzentrationslager – Personengruppen – Polen – Qualen – Schätzungen – überlebt

1. Ab 1933 errichteten die Nationalsozialisten sogenannte ____________________ ____________ (KZ) in Deutschland.
2. Zunächst wurden dort politische ____________________ (Kommunisten, Sozialdemokraten …) gefangen gehalten.
3. Später wurden auch andere ____________________ inhaftiert.
4. Diese umfassten Sinti, Roma, Geistliche, Behinderte, Homosexuelle, Kriminelle, Polen, Russen und vor allem ____________________.
5. Nach Kriegsbeginn wurden Konzentrationslager ebenfalls in von ______________ ______________ besetzten Gebieten gebaut.
6. Das größte Konzentrationslager entstand in ______________ in der Nähe von Auschwitz.
7. Die Anzahl der Konzentrationslager stieg im Zweiten Weltkrieg auf 22, dazu gab es 165 ____________________.
8. In den Konzentrationslagern erlitten die Häftlinge durch das Wachpersonal (u. a. auch SS-Männer) schreckliche ____________________.
9. Nach ____________________ gab es insgesamt mehr als sieben Millionen Häftlinge in den Konzentrationslagern der Nationalsozialisten.
10. Nur ungefähr 0,5 Millionen Häftlinge sollen die Zeit in einem oder mehreren Konzentrationslagern ____________________ haben.

Aufgabe 7: *Auf dem Bild sind in einem Konzentrationslager ermordete Häftlinge (Juden) zu sehen. Was denkst du, wenn du dieses Bild siehst?*

Der Umgang der Nationalsozialisten mit Behinderten

In nationalsozialistischen Schulbüchern war zu lesen: Der Unterricht und die Betreuung von Behinderten koste viel mehr Geld als bei gesunden Menschen. Die Nationalso-zialisten gingen dazu über, behinderte Menschen (Geisteskranke und Körperbehinderte) das Recht auf Leben abzusprechen und zu töten. Solche Ansichten gab es bereits lange vor der Herrschaftsübernahme der Nationalsozialisten.

Im Schloss Sonnenstein bei Pirna wurden während der nationalsozialistischen Herrschaft tausende psychisch Kranke und Behinderte umgebracht

Systematisch ließen die Nationalsozialisten behinderte Menschen umbringen, u. a. Kinder. Dafür wurde eine zentrale Dienststelle in Berlin eingerichtet, die die Namen und Adressen von behinderten Kindern erfasste. Im Hinblick auf die Tötung der behinderten Kinder nutzte man zur Tarnung das Wort „Behandlung“.

Behinderte Heimkinder wurden u. a. in Gaskammern ermordert, die als Duschräume getarnt waren. Andere Kinder bekamen Schlafmittel und Gift ins Essen oder in den Körper gespritzt. Bevor manche Behinderte starben, unternahmen Ärzte medizinische Untersuchungen an ihnen. Nach Schätzungen wurden während der nationalsozialistischen Herrschaft (1933-1945) etwa 200.000 deutsche Behinderte heimlich ermordert.

Aufgabe 8: *Beantworte die Fragen.*

a) *Welche Einstellung hatten die Nationalsozialisten zu Behinderten? Was taten die Nationalsozialisten mit Behinderten?*

____

____

____

____

____

____

b) *Welche Einstellung hast du zu Behinderten?*

____

____

____

____

____

____

KOHL VERLAG Deutsche Geschichte von 1933 bis 1945 Ein informativer Überblick – Bestell-Nr. 12 339

Aufgabe 9: *Löse das Rätsel.*

- **a)** Welcher Begriff bedeutet „Judenfeindschaft“?
- **b)** Wie heißt das Gotteshaus der Juden?
- **c)** Das Gesetz, mit dem den Juden alle Rechte genommen wurden, hieß „Gesetz zum Schutz des deutschen Blutes und der deutschen ...“.
- **d)** In ... wurden Millionen von Juden ermordet.
- **e)** Wie wurden die gewaltsamen Ausschreitungen gegen die Juden im November 1938 bezeichnet?
- **f)** Nicht nur in Deutschland, sondern auch in ... wurden Konzentrationslager errichtet.
- **g)** Diese Bevölkerungsgruppe war ebenfalls Opfer der Nationalsozialisten.

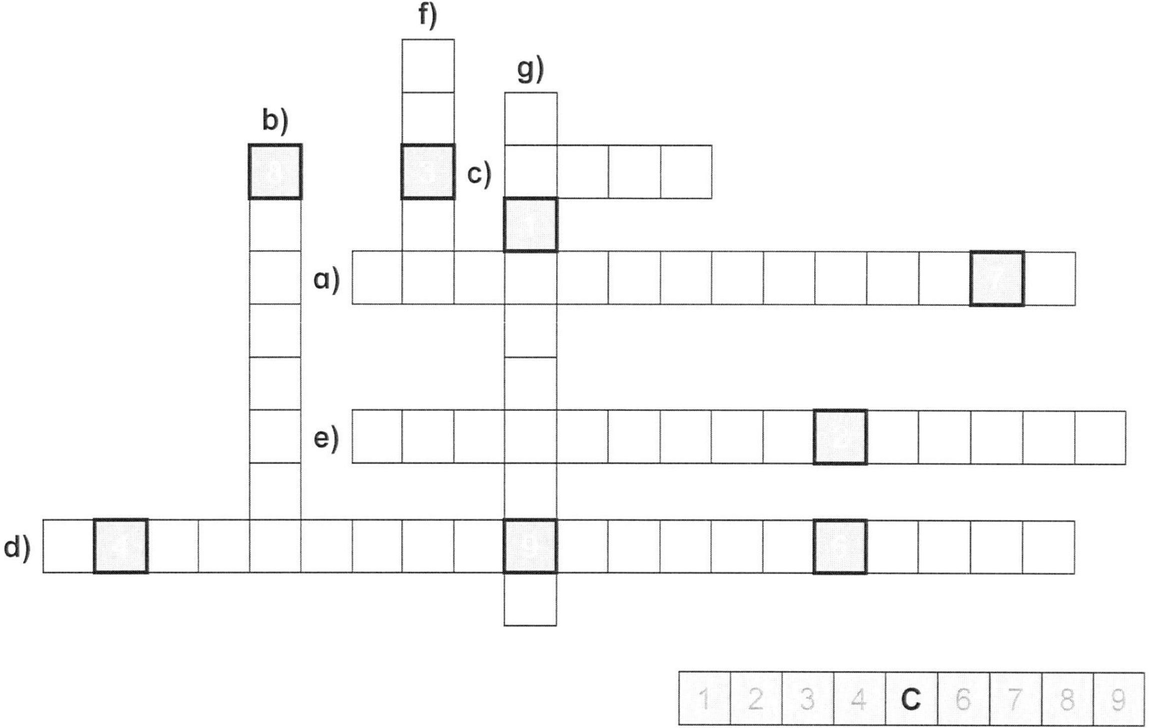

Aufgabe 10: *Stolpersteine sind im Boden verlegte kleine Gedenktafeln, mit denen an das Schicksal der NS-Opfer erinnert werden soll. Es gibt sie in verschiedenen europäischen Ländern. Welche Idee könnte deiner Meinung nach dahinterstecken?*

5 Wirtschaft im Nationalsozialismus

Viele Deutsche hatten Hitler gewählt, weil er ihnen u. a. Arbeit versprach. Durch die Nationalsozialisten ging in Deutschland ab 1933 die Arbeitslosigkeit tatsächlich zurück. Dazu dienten Zwangsmaßnahmen wie der ab 1933 für junge Leute vorgeschriebene Reichsarbeitsdienst, die allgemeine Wehrpflicht ab 1935, der Ausschluss von Juden sowie NS-Gegnern aus dem Arbeitsleben und vorerst auch die Verdrängung von Frauen aus dem öffentlichen Berufsleben.

Große Konzerne (z. B. Krupp, Siemens, IG-Farben) erzielten während der nationalsozialistischen Herrschaft beträchtliche finanzielle Gewinne. Dagegen stiegen die Löhne der Arbeitnehmer insgesamt gesehen nur gering. Dafür mussten die Arbeitnehmer länger arbeiten und Überstunden leisten. Auch gab es für die Arbeitnehmer wiederholt Lohnstopps. Der Verdienst blieb hinter dem vor 1929 zurück. Die Arbeitnehmer besaßen kein Streikrecht. Zur Hebung der Arbeitsmoral der Arbeitnehmer entstand 1933 die Organisation „Kraft durch Freude“ (KdF), die z. B. kostengünstig Urlaubsreisen und Ausflüge anbot.

Die Nationalsozialisten ließen Kanäle, Straßen, Autobahnen, Kasernen, Flugplätze, Parteibauten, Wohnungen ... bauen. Der deutsche Staat verschuldete sich während der nationalsozialistischen Herrschaft immer mehr. Durch Siege im Krieg und die dabei erlangte Beute erhofften sich die verantwortlichen Nationalsozialisten, die Schulden bezahlen zu können. Deshalb wurde die Wirtschaft zunehmend auf die Kriegsführung ausgerichtet. Die Produktion von Waffen, Munition, militärischen Fahrzeugen, Schiffen sowie Flugzeugen wurde vorangetrieben.

Im Mai 1938 erfolgte in Norddeutschland in der Nähe der Kleinstadt Fallersleben die Grundsteinlegung für das Volkswagen-Werk. Großmundig hatten die Nationalsozialisten versprochen und kündigten weiterhin an: Dort werde für die deutsche Bevölkerung die Herstellung von preiswerten Autos (genannt „Kraft durch Freude-Wagen“) erfolgen. Doch dazu kam es nicht, Stattdessen mussten dort viele KZ-Häftlinge und Zwangs-arbeiter an der Produktion von militärischen Kübelwagen mitarbeiten.

Reichsarbeitsdienst beim Straßenbau

Deutsche Geschichte von 1933 bis 1945
Ein informativer Überblick – Bestell-Nr. 12 339
KOHL VERLAG

5 Wirtschaft im Nationalsozialismus

Aufgabe: *Beantworte die folgenden Fragen.*

a) *Mit welchen Zwangsmaßnahmen bauten die Nationalsozialisten ab 1933 in Deutschland die Arbeitslosigkeit ab?*

b) *Wie entwickelten sich die Löhne der Arbeitnehmer während der nationalsozialistischen Herrschaft?*

c) *Wozu gründeten die Nationalsozialisten die Organisation KdF? Was bot diese Organisation beispielsweise an?*

d) *Was ließen die Nationalsoziallisten bauen?*

e) *Auf welche Weise wollten die verantwortlichen Nationalsozialisten die (finanziellen) Mittel bekommen, um die wachsenden Schulden des Deutschen Reiches zu bezahlen?*

f) *Welche Dinge wurden in der deutschen Wirtschaft auf Anordnung der führenden Nationalsozialisten zunehmend hergestellt?*

g) *Was kündigten die Nationalsozialisten an, in der Nähe von Fallersleben für das deutsche Volk zukünftig produzieren zu lassen? Was wurde tatsächlich produziert?*

Die Olympischen Spiele im Jahr 1936

Im Jahr 1931 war der Austragungsort für die Olympischen Spiele im Jahr 1936 durch das Internationale Olympische Komitee (IOC) nach Deutschland vergeben worden. Die Olympischen Winterspiele fanden im Februar 1936 in Garmisch-Partenkirchen statt, die Olympischen Sommerspiele im August 1936 in Berlin.

Olympiastadion Berlin, 1936

Die Nationalsozialisten unter der Führung von Hitler versuchten bei der Durchführung der Olympischen Spiele in der Weltöffentlichkeit einen positiven Eindruck zu erwecken. Die Olympischen Spiele 1936 wurden von den Nationalsozialisten mit großem Aufwand inszeniert. Antijüdische Plakate, Schilder und Schriften verschwanden vorübergehend aus dem öffentlichen Leben. Vorgegaukelt wurde, der Nationalsozialismus sei nicht auf Krieg bedacht und ausgerichtet, sondern auf Frieden. So manche Beobachter aus dem Ausland (u. a. Journalisten) ließen sich dadurch täuschen.

An den Olympischen Winterspielen 1936 nahmen 28 Staaten teil. Im Medaillenspiegel belegte Norwegen den 1. Platz mit 7 Gold-, 5 Silber- sowie 3 Bronzemedaillen. Deutschland gewann 3 Gold-, 3 Silbermedaillen, aber keine Bronzemedaille. Für die Nationalsozialisten waren die Olympischen Winterspiele 1936 der Anlass, im Jahr zuvor die zwei benachbarten Gemeinden Garmisch und Partenkirchen zu vereinigen.

Jesse Owens beim Weitsprung

Insgesamt 49 Staaten stellten Teilnehmer für die Olympischen Sommerspiele 1936 in Berlin. Mit 33 Gold-, 26 Silber- und 30 Bronzemedaillen war Deutschland eindeutig der erfolgreichste Staat. Auf Platz 2 im Medaillenspiegel folgten die USA. Die Nationalsozialisten hatten auf Erfolge Deutschlands auch im Sport durch die gezielte Auswahl von talentierten Sportlern sowie durch die Schaffung von intensiven Trainingsmöglichkeiten hingearbeitet. Der absolute Star der Olympischen Sommerspiele 1936 war jedoch – sehr zum Missfallen der Nationalsozialisten – der dunkelhäutige Leichtathlet Jesse Owens aus den USA. Er gewann 4 Goldmedaillen – und zwar im 100-m-Sprint, im 200-m-Sprint, im Weitsprung sowie in der 4x 100-m-Staffel.

Deutsche Geschichte von 1933 bis 1945
Ein informativer Überblick – Bestell-Nr. 12 339
KOHL VERLAG

6 Die Olympischen Spiele im Jahr 1936

Aufgabe: *Beantworte die folgenden Fragen.*

a) *Wozu nutzten die Nationalsozialisten die Olympischen Spiele 1936?*

b) *Wie schnitten die deutschen Sportler bei den Olympischen Spielen 1936 ab?*

c) *Wie ist das Abschneiden der deutschen Sportler bei den Olympischen Sommerspielen 1936 zu erklären?*

d) *Wieso (wohl) missfiel den Nationalsozialisten, dass Jesse Owens mit dem Gewinn von 4 Goldmedaillen der absolute Star der Olympischen Sommerspiele 1936 war?*

e) *Wie beurteilst du die Olympischen Spiele 1936? Was meinst du dazu?*

OLYMPISCHE SPIELE BERLIN MCMXXXVI

ZUR EHRE DES VATERLANDES ZUM RUHME DES SPORTS

KOHL VERLAG Deutsche Geschichte von 1933 bis 1945

7 Vorbereitung auf den Krieg

Deutsche Außenpolitik 1933-1936

Hitler bestimmte auch wesentlich die deutsche Außenpolitik ab 1933. Nach außen hin sprach er von Frieden und davon, dass er nur eine Korrektur des für Deutschland harten Versailler Vertrages von 1919 sowie die Gleichberechtigung mit anderen Staaten wolle. Gegenüber der deutschen Bevölkerung bezeichnete Hitler den Versailler Vertrag als „Schandvertrag“. Nicht nur Hitler, sondern auch viele Deutsche empfanden den Versailler Vertrag nach der deutschen Kriegsniederlage immer noch als Demütigung, die rückgängig gemacht werden müsse.

Bestimmungen des Versailler Vertrages von 1919

- Abtretung von Gebieten an das Ausland (z. B. Elsass-Lothringen an Frankreich, Westpreußen und Posen an Polen ...)
- Beschränkung der Armee, Verbot der allgemeinen Wehrpflicht ...
- Bezahlen von hohen Geldsummen

Im Oktober 1933 zog sich Deutschland von der Genfer Abrüstungskonferenz zurück und trat aus dem Völkerbund aus. Vorwand dafür war: Deutschland sollte erst nach 4 Jahren militärisch gleichberechtigt werden. Zu Beginn des Jahres 1934 schloss Deutschland mit Polen einen auf 10 Jahre befristeten Nichtangriffsvertrag ab. Am 1. März 1935 wurde das Saargebiet nach einer Abstimmung der dortigen Bevöl-kerung wieder dem Deutschen Reich angeschlossen. Zuvor stand das Saargebiet 15 Jahre lang unter der Verwaltung des Völkerbundes und unter französischem Einfluss.

Schon vor 1935, ja bereits während der Weimarer Republik (1919-1933) begann mehr oder minder heimlich die Wiederaufrüstung Deutschlands. Die Nationalsozialisten trieben die Wiederaufrüstung ab 1933 voran. Sie verstärkten den Aufbau der deutschen Luftwaffe. Am 16. März 1935 wurde die allgemeine Wehrpflicht eingeführt und aus der deutschen Reichswehr wurde die sogenannte Wehrmacht. Im Juni 1935 vereinbarte Deutschland mit Großbritannien ein Flottenabkommen. Demnach war die Stärke der deutschen Flotte über Wasser auf 35 % der britischen Flotte und die deutsche U-Boot-Stärke auf 45 % der britischen begrenzt.

Im März 1936 ließ Hitler deutsche Soldaten in das entmilitärische Rheinland einmarschieren. Damit verstieß Deutschland gegen den Versailler Vertrag von 1919 sowie gegen die Locarno-Verträge (1925). Staaten wie Großbritannien, Frankreich und auch der Völkerbund verurteilten das deutsche Vorgehen und protestierten dagegen, schritten aber nicht militärisch ein.

Aufgabe 1: *Schreibe die Ereignisse in der richtigen zeitlichen Reihenfolge mit Zeitangabe in dein Heft.*

• Wiedereinführung der allgemeinen Wehrpflicht • Nichtangriffspakt mit Polen •
• Flottenabkommen mit Großbritannien • Austritt aus dem Völkerbund •
• Einmarsch ins Rheinland • Anschluss des Saargebietes an das Deutsche Reich

Aufgabe 2: *Was meinst du zur deutschen Außenpolitik 1933-1936?*

Deutsche Geschichte von 1933 bis 1945
Ein informativer Überblick – Bestell-Nr. 12 339
KOHL VERLAG

Deutsche Außenpolitik 1936-1939

In einer Rede vor dem deutschen Reichstag sagte Hitler am 07. März 1936: „Wir haben in Europa keine territorialen Forderungen zu stellen." Jedoch etwa ein halbes Jahr später ordnete Hitler in der geheimen Denkschrift zum Vierjahresplan an, die deutsche Wehrmacht müsse in vier Jahren einsatzfähig sein. Die deutsche Wirtschaft müsse in vier Jahren kriegsbereit sein. Nach einer Interessensabstimmung mit dem italienischen Diktator Mussolini schloss Deutschland – zur Abwehr des Kommunismus – den Antikominternpakt mit Japan ab. Circa ein Jahr später trat Italien dem Antikominternpakt bei.

Staatschefs beim Münchner Abkommen; von links: Chamberlain, Daladier, Hitler, Mussolini

Am 05. November 1937 gab es ein Gespräch zwischen Hitler, dem deutschen Außenminister von Neurath, dem Reichskriegsminister von Blomberg sowie den Oberbefehlshabern des Heeres, der Marine und der Luftwaffe. Hitler gab zu verstehen, dass demnächst Österreich und die Tschechoslowakei zu erobern seien. Im Februar 1938 machte sich Hitler selbst zum Oberbefehlshaber der Wehrmacht. Einen Monat später marschierten deutsche Truppen in Österreich ein – unter dem Jubel der meisten dortigen Einwohner. Aus Österreich wurde im Großdeutschen Reich die Ostmark.

Beeinflusst durch Nationalsozialisten beklagten sich die Sudetendeutschen über ihre Unterdrückung in der Tschechoslowakei. Hitler drohte deshalb mit einer militärischen Aktion gegen die Tschechoslowakei. Die führenden Politiker Großbritanniens und Frankreichs bemühten sich, eine militärische Auseinandersetzung zwischen Deutschland sowie der Tschechoslowakei zu vermeiden und das Problem durch Verhandlungen zu lösen. Die britische Regierung unter dem Premierminister N. Chamberlain betrieb eine Beschwichtigungspolitik[1], durch Zugeständnisse an Deutschland den Frieden zu retten, zumal damals in der britischen Bevölkerung keine Bereitschaft zur Kriegsführung bestand. Ohne dass ein Vetreter der Tschechoslowakei dabei war, schlossen der britische Premierminister N. Chamberlain, der französische Ministerpräsident Daladier, der italienische Diktator Mussolini sowie der deutsche Diktator Hitler Ende September 1938 das sogenannte Münchener Abkommen. Aufgrund dieses Abkommens musste die Tschechoslowakei die sudetendeutschen Gebiete an Deutschland abtreten. Durch das Münchener Abkommen wurde der Tschechoslowakei das weitere Bestehen zugesichert.

Doch Hitler hielt sich nicht daran. Er zwang den tschechoslowakischen Regierungschef Hacha am 14. März 1939 dazu, Tschechien an Deutschland zu übergeben. Hitler drohte damit, sonst die tschechische Hauptstadt Prag bombardieren zu lassen. Am nächsten Tag besetzten deutsche Truppen Tschechien. Aus Tschechien wurde das Protektorat[2] Böhmen-Mähren zugehörig zu Deutschland. Die Slowakei wurde ein von Deutschland abhängiger Staat.

Unter deutschem Druck gab Litauen noch im März 1939 das Memelland an Deutschland zurück. Im April 1938 kündigte Deutschland das Flottenabkommen mit Großbritannien und den Nichtangriffsvertrag mit Polen. Stattdessen schloss Deutschland unter Hitler im Mai bzw. im Juni 1939 Nichtangriffsverträge mit Dänemark, Lettland und Estland.

[1] auch genannt „Appeasement-Politik" (to appease (engl.) = beschwichtigen, besänftigen)
[2] Protektorat = ein unter Schutzherrschaft stehendes Gebiet; protegere (lat.) = (be)schützen

7 Vorbereitung auf den Krieg

Mit Italien vereinbarte Deutschland die gegenseitige militärische Hilfe sowie wirtschaftliche Zusammenarbeit für den Fall eines Krieges. Hitler forderte von Polen u. a. die Zustimmung zur Wiedereingliederung Danzigs – das unter der Verwaltung des Völkerbundes stand – in das Deutsche Reich, außerdem für Deutschland eine exterritoriale Straße durch den polnischen Korridor nach Ostpreußen. Die Erfüllung dieser Forderungen lehnte Polen jedoch ab. Völlig überraschend für die Öffentlichkeit unterzeichnete der deutsche Außenminister Ribbentrop im Auftrag von Hitler am 23. August 1939 in Moskau einen deutsch-sowjetischen Nichtangriffsvertrag. In einem geheimen Zusatzprotokoll vereinbarten Deutschland und die Sowjetunion die zukünftige Aufteilung Polens.

Aufgabe 3: *Löse das Rätsel. Die Lösung gibt einen Hinweis darauf, wie das Deutsche Reich den Zweiten Weltkrieg begann.*

1. Mit diesem Staat schloss Deutschland zuerst den Antikominternpakt ab.
2. Im Februar 1938 machte sich Hitler zum Oberbefehlshaber der ...
3. In welchen Staat marschierte Hitler im März 1938 ein?
4. Aus Österreich wurde die ... im Großdeutschen Reich.
5. Welches Land außer Österreich wollte Hitler ab 1938 zunächst erobern?
6. Welche Art der Außenpolitik betrieb die britische Regierung unter N. Chamberlain?
7. Welche Gebiete musste die Tschechoslowakei aufgrund des Münchener Abkommens an das Deutsche Reich abgeben?
8. Was wurde aus Tschechien im März 1939?
9. Welches Gebiet gab Litauen unter Druck an Deutschland zurück?
10. Mit welchem Land kündigte das Deutsche Reich das Flottenabkommen?
11. Mit welchem Land kündigte das Deutsche Reich den Nichtangriffspakt?
12. Mit welchem Land vereinbarte Gegenseitige militärische und Deutschland wirtschaftliche Zusammenarbeit für den Fall eines Krieges
13. Welche Stadt forderte Hitler von Polen zurück?
14. Mit welchem Staat schloss Hitler im August 1939 einen Nichtangriffspakt?

Lösungswort:

Aufgabe 4:

Überlege dir eine geeignete Übeschrift für die deutsche Außenpolitik 1936-1939.

KOHL VERLAG
Deutsche Geschichte von 1933 bis 1945
Ein informativer Überblick – Bestell-Nr. 12 339

Zusammenfassung I

Geschichte auf Bildern I

Aufgabe 1: *Was kannst du zum Inhalt der vier Bilder sagen? Erkläre näher, worum es jeweils geht!*

Bild 1:

____

____

____

____

____

____

Bild 2:

____

____

____

____

____

____

Bild 3:

DER FÜHRER BEFIEHLT: GLAUBEN, GEHORCHEN UND KÄMPFEN!

____

____

____

____

____

____

Bild 4:

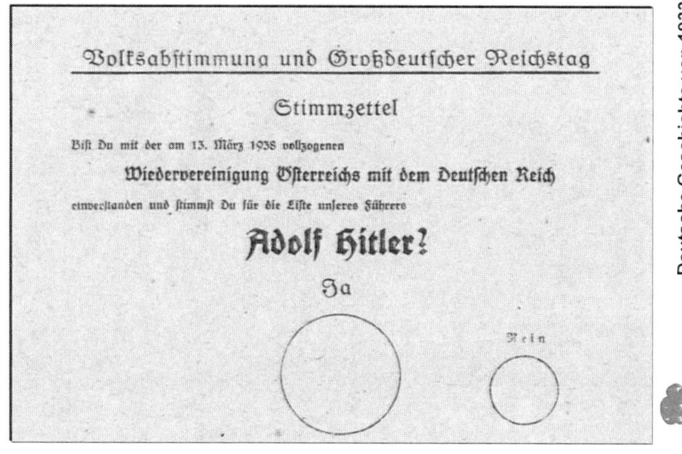

Volksabstimmung und Großdeutscher Reichstag

Stimmzettel

Bist Du mit der am 13. März 1938 vollzogenen

Wiedervereinigung Österreichs mit dem Deutschen Reich

einverstanden und stimmst Du für die Liste unseres Führers

Adolf Hitler?

Ja

Nein

____

____

____

____

____

____

Deutschland 1933-1939 – ein Test

Aufgabe 2: *Vervollständige die Sätze.*

1. Ab 1933 bestand in Deutschland keine Demokratie mehr, sondern eine ...

____.

2. Am 30.01.1933 ernannte der deutsche Reichspräsident Hindenburg ...

____.

3. Das „Ermächtigungsgesetz“ ermöglichte der Regierung, ...

____.

4. Mit dem Begriff „Gleichschaltung“ ist gemeint:

____.

____.

5. Ab August 1934 nannte sich Hitler ...

____.

6. Die Abkürzung NSDAP bedeutet ...

____.

7. Die Nationalsozialisten bezeichneten die Juden als ...

____.

8. Eine Parole der Nationalsozialisten lautete:

____.

9. Die deutsche Jugend sollte sein:

____.

10. In der Schule mussten die Schüler zu Beginn des Unterrichts sagen:

____.

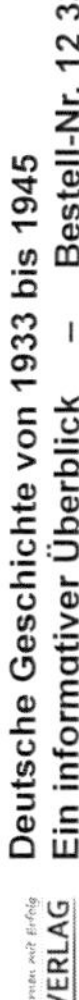
KOHL VERLAG Deutsche Geschichte von 1933 bis 1945 Ein informativer Überblick – Bestell-Nr. 12 339

Zusammenfassung I

11. Das Leben betrachteten die Nationalsozialisten als ...

____.

12. In Konzentrationslagern hielten die Nationalsozialisten gefangen:

____.

13. Behinderte waren für die Nationalsozialisten ...

____.

14. In der Vorstellung den Nationalsozialisten sollten Frauen ...

____.

15. In Deutschland wurde ab 1933 die Arbeitslosigkeit abgebaut durch Zwangsmaßnahmen wie z. B. ...

____.

____.

16. Bei den Olympischen Spielen 1936 versuchten die Nationalsozialisten in der Weltöffentlichkeit ...

____.

17. Im Vierjahresplan (1936) ordnete Hitler an:

____.

18. Im März 1938 marschierten ...

____.

19. Im März 1939 besetzten ...

____.

20. Am 23.08.1939 schloss Deutschland ...

____.

8 Der Zweite Weltkrieg

Geschichte live: 31.08./01.09.1939

Am späten Abend bzw. in der Nacht vom 31.08. zum 01.09.1939 täuschen SS-Gruppen auf Anordnung in Oberschlesien jeweils einen polnischen Angriff auf den deutschen Radiosender Gleiwitz, auf eine Grenzstation sowie auf ein Forsthaus vor. Betäubten (KZ-) Häftlingen werden polnische Uniformen angezogen. Anschließend werden die (KZ-) Häftlinge und andere Personen zu den Stellen gebracht, wo die polnischen Überfälle simuliert werden. Dort werden die (KZ-)Häftlinge erschossen. Fotoaufnahmen werden gemacht, die die (KZ-)Häftlinge und andere in polnischen Uniformen zeigen. Die Fotos sollen der Öffentlichkeit die (angeblich) polnischen Überfälle auf deutsches Staatsgebiet beweisen. Die Überfälle wurden insgesamt gesehen stümperhaft ausgeführt.

Das Bild zeigt, wie deutsche Soldaten eine polnische Grenzmarkierung niederreißen.

Auf Befehl von Hitler überfallen – ohne Kriegserklärung – bereitstehende deutsche Truppen am 01.09.1939 (= ein Freitag) um 4.45 Uhr Polen und dringen im Land weiter vor. Damit beginnt der Zweite Weltkrieg. Laut Zeitzeugen greifen Sturzkampfbomber (Stukas) der deutschen Luftwaffe die südwestlich von Lodz gelegene polnische Kleinstadt Wielun am 01.09.1939 schon ab 4.37 Uhr an. Am Vormittag hält Hitler im Reichstag in Berlin eine Rede, die im Radio übertragen wird. In seiner Rede sagt Hitler, dass Polen Deutschland in der Nacht mehrere Male durch schwere Grenzzwischenfälle provoziert habe. Wörtlich äußert Hitler u. a.: „Seit 5.45 Uhr wird jetzt zurückgeschossen."

Aufgabe 1: *Fasse den Inhalt der im vorherigen Text genannten Ereignisse kurz zusammen.*

____

____

____

____

Aufgabe 2: *Welche Meinung hast du zu diesen Ereignissen?*

____

____

____

____

KOHL VERLAG Deutsche Geschichte von 1933 bis 1945 Ein informativer Überblick – Bestell-Nr. 12 339

Der deutsche Sieg über Polen

Aufgabe 3: *Setze die folgenden Wörter im anschließenden Text an der richtigen Stelle ein:*

Blitzkrieg – Kriegserklärung
militärisch – Polen
Soldaten – Staat
Streitkräfte – Untermenschen
Waffen – Zusatzprotokoll

Deutsches Schlachtschiff beschießt die Westerplatte im Hafen der Stadt Danzig

1. Auf den deutschen Überfall auf Polen (01.09.1939) reagierten Großbritannien und Frankreich zwei Tage später jeweils mit einer von Hitler nicht erwarteten ______________________ an Deutschland.

2. Doch vorerst griffen Großbritannien sowie Frankreich nicht unmittelbar ______________________ in das Geschehen ein.

3. Beide Staaten wollten ihre ______________________ erweitern und stärken.

4. Deshalb konnte Deutschland seine Truppen auf ______________________ konzentrieren.

5. Schon von der Anzahl der ______________________ war Deutschland Polen voraus.

6. Aber besonders wirkte sich aus: Deutschland verfügte über mehr sowie bessere ______________________.

7. Von daher errang Deutschland im Krieg gegen Polen einen sehr schnellen Sieg (= „______________________"). Die letzten polnischen Truppen ergaben sich den Deutschen Anfang Oktober 1939.

8. Deutschland besetzte den westlichen sowie zentralen Teil Polens und behandelte die Polen wie ______________________.

9. Gemäß dem geheimen ______________________ des am 23.08.1939 abgeschlossenen deutsch-sowjetischen Nichtangriffsvertrages drangen ab dem 17.09.1939 sowjetische Soldaten in den östlichen Teil Polens ein und nahmen es für die Sowjetunion in Besitz.

10. Der ______________________ Polen existierte nun nicht mehr.

Das Vordringen deutscher Truppen im Zeitraum 1940 bis Mai 1941

Ermutigt auch durch den schnellen deutschen Sieg über Polen ließ der Diktator Hitler ab April 1940 Dänemark und Norwegen durch deutsche Soldaten besetzen. Im Mai 1940 marschierten deutsche Truppen in die Niederlande, Belgien, Luxemburg sowie Frankreich ein und drangen weiter vor. Im August 1940 begannen die deutschen Luftangriffe auf Großbritannien, um eine spätere Invasion vorzubereiten.

Deutsches Militär in der dänischen Stadt Viborg, April 1940

Ende September 1940 kam es zum Abschluss des 3-Mächte-Pakts zwischen Deutschland, Italien und Japan (= „Achsenmächte"). Dieser Vertrag war ein politisches, militärisches und wirtschaftliches Bündnis mit der Verpflichtung zur gegenseitigen Hilfeleistung. Ab Ende März 1941 kämpften sich deutsche Soldaten in Nordafrika von Libyen aus nach Ägypten vor. Im April 1941 erfolgte der Angriff deutscher Truppen auf Jugoslawien und Griechenland.

Abgesehen von den deutschen Luftangriffen auf Großbritannien erzielten deutsche Truppen im Zeitraum 1940 bis Mai 1941 große militärische Erfolge („Blitzsiege"). Großbritannien erwies sich jedoch als ein (zu) starker Gegner, sodass auch später eine deutsche Landung mit Truppen auf der großen britischen Insel nicht gelang. Dennoch glaubten Hitler, andere führende Nationalsozialisten, Generäle und auch die deutsche Bevölkerung an die deutsche Stärke sowie den Sieg im Zweiten Weltkrieg. Diese Zuversicht tendierte dann jedoch mehr und mehr zu einer Überschätzung der deutschen militärischen Stärke.

Aufgabe 4: *Überlege dir fünf Fragen zum vorangehenden Text und lasse diese Fragen von einem anderen Schüler schriftlich beantworten. Du musst die fünf Fragen des anderen Schülers beantworten.*

1. Frage: ______________________________

____

2. Frage: ______________________________

____

3. Frage: ______________________________

____

4. Frage: ______________________________

____

5. Frage: ______________________________

____

KOHL VERLAG Deutsche Geschichte von 1933 bis 1945
Ein informativer Überblick – Bestell-Nr. 12 339

Der Krieg gegen die Sowjetunion

Im weiteren Verlauf des Krieges hielten die Achsenmächte und ihre Verbündeten weite Teile Europas besetzt. Besetzt waren Norwegen, die Niederlande, Belgien, Luxemburg, die nördliche Hälfte Frankreichs, Jugoslawien, Albanien, Griechenland, Polen, Litauen, Lettland, Estland sowie der westliche Teil der Sowjetunion bis kurz vor Leningrad und Moskau. Außerdem befanden sich einige Gebiete Nordafrikas (hauptsächlich Libyen) im Besitz der Achsenmächte.

Im Juni 1941 gab Hitler den Befehl zum Angriff auf die Sowjetunion. Am 22.06.1941 überschritten deutsche Truppen und mit ihnen verbündete italienische, rumänische, ungarische sowie finnische Soldaten die Grenze zur Sowjetunion. Zunächst erzielten diese Truppen große Raumgewinne in der Sowjetunion.

Mit Beginn des sehr kalten Winters im größten Staat der Erde kamen die Angriffe jedoch zum Stehen. Es gelang nicht, die sowjetische Hauptstadt Moskau und Leningrad, die zweitgrößte Stadt der Sowjetunion, einzunehmen, auch nicht im weiteren Verlauf des Zweiten Weltkrieges. Im Jahr 1942 schafften es deutsche Truppen, die Stadt Stalingrad zu erobern und bis in die Nähe des Kaukasus vorzudringen.

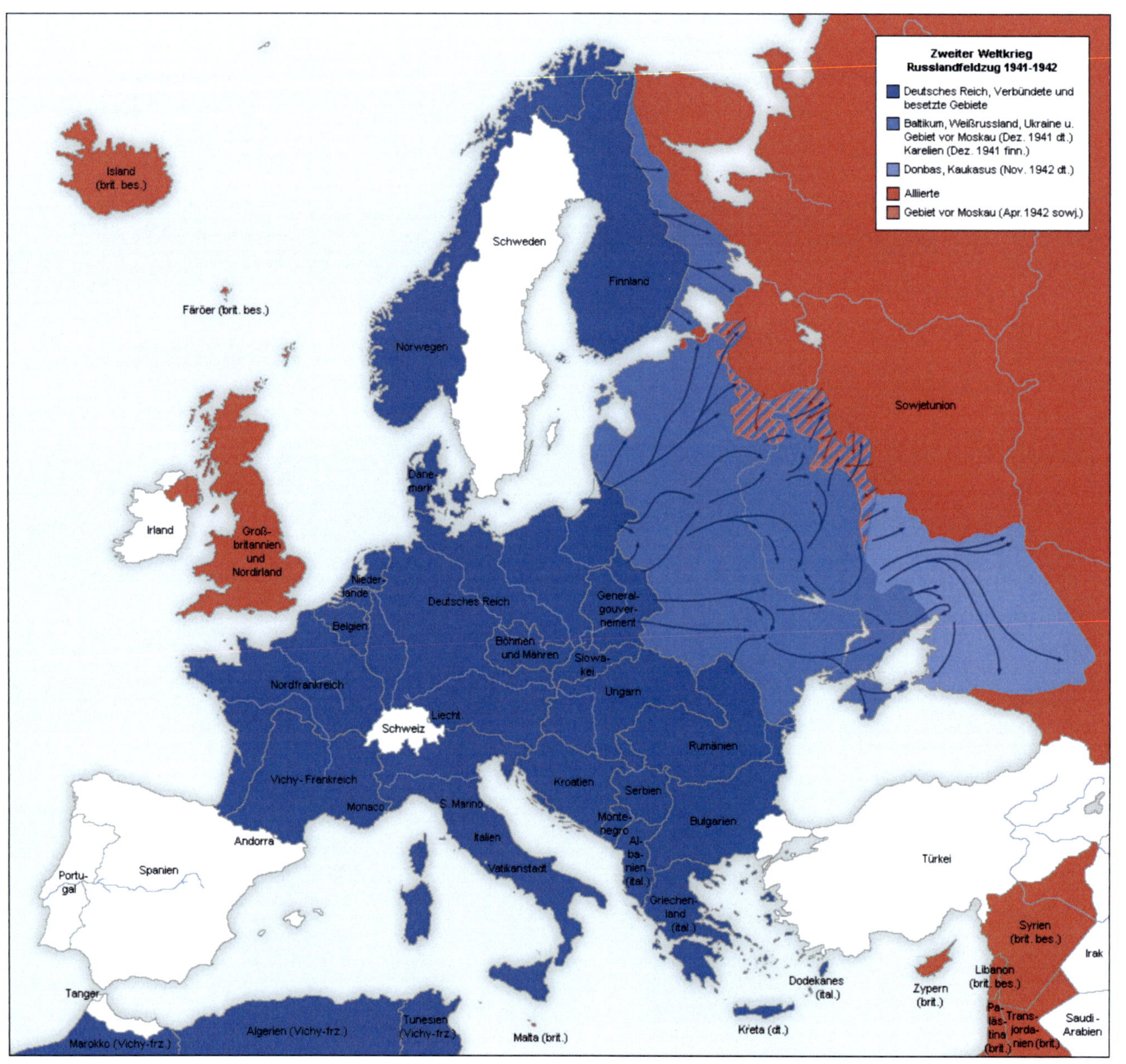

Deutsche Geschichte von 1933 bis 1945
KOHL VERLAG

Doch dann kam es zur Wende im Krieg. In Stalingrad wurde die 6. deutsche Armee von sowjetischen Soldaten eingekesselt: Die Soldaten wurden wegen mangelnder Nahrung und der großen Kälte immer schwächer. Hitler verbot es jedoch, dass die 6. Armee den Kessel nach Westen durchbrach und sich zurückzog. Die Folge war: Die Überlebenden der 6. Armee mussten sich schließlich Ende Januar/Anfang Februar 1943 der sowjetischen Übermacht ergeben. Nach der Niederlage bei Stalingrad wurden die deutschen Truppen und die der mit ihnen Verbündeten von den sowjetischen Kämpfern im folgenden Ablauf des Zweiten Weltkrieges mehr und mehr in Richtung Westen zurückgedrängt. Im Dezember 1944 erreichten sowjetische Soldaten in Ostpreußen erstmals deutsches Staatsgebiet, das schon vor dem Zweiten Weltkrieg zu Deutschland gehörte.

Aufgabe 5: *Ergänze nun die folgenden Satzanfänge zu vollständigen Sätzen.*

a) Aufgrund des Befehls von Hitler griffen ______________________________

____.

b) Zuerst drangen deutsche Soldaten ______________________________

____.

c) Zu Beginn des Winters 1941/1942 ______________________________

____.

d) Moskau und Leningrad ______________________________

____.

e) 1942 gelang es, ______________________________

____.

f) Die 6. deutsche Armee ______________________________

____.

g) Der 6. deutschen Armee wurde durch ______________________________

____.

h) Am Ende der Schlacht bei Stalingrad ______________________________

____.

i) Sowjetische Truppen drängten die deutschen ______________________________

____.

j) Zum ersten Mal gelangten ______________________________

____.

Deutsche Geschichte von 1933 bis 1945
Ein informativer Überblick – Bestell-Nr. 12 339
KOHL VERLAG

Aufgabe 6: *Schreibe einen Brief. Wähle eine der beiden Aufgaben aus.*

1. Versetze dich in die Situation einer Mutter, die einen Brief an ihren Sohn schreibt, der als deutscher Soldat an der Ostfront kämpft.
2. Versetze dich in die Situation eines an der Ostfront kämpfenden deutschen Soldaten, der einen Brief an seine Familie in Deutschland schreibt.

Bedenke: Briefe wurden kontrolliert. Darin durfte über den Nationalsozialismus nichts Negatives geschrieben werden. Wer dies dennoch tat, musste mit Konsequenzen rechnen.

KOHL VERLAG Deutsche Geschichte von 1933 bis 1945

Die deutsche Besatzungsherrschaft

Die deutschen Besatzer unterdrückten die Bevölkerung in den während des Zweiten Weltkrieges eroberten Gebieten. Schon alsbald nach der Besetzung begann die systematische Erfassung und Ermordung der dort ansässigen Juden. Insbesondere auch nichtjüdische Polen und Russen waren nach Ansicht vieler Besatzer minderwertige Menschen. Sie galten – vorgegeben durch führende Nationalsozialisten – als „Untermenschen", mit denen man beliebig verfahren, sie u. a. töten dürfte.

Vor allem in den von Deutschland eroberten europäischen Ostgebieten war die deutsche Besatzungsherrschaft in der Regel rücksichtslos und brutal. Die Besatzer strebten an, die Gebiete zu germanisieren. Mit unerbittlicher Härte bekämpften die Besatzer etwaigen Widerstand. Für u.a. die Tötung einzelner deutscher Soldaten durch z. B. Partisanen (= bewaffnete Widerstandskämpfer im von Feinden besetzten Hinterland) wurden etliche unschuldige Zivilisten umgebracht. So manche Vorgesetzte in militärischen Einheiten der deutschen Wehrmacht ließen solche Vergeltungsmaßnahmen durchführen. Sehr grausam trugen Verbände der SS (= Schutzstaffel,1923 als Leibgarde Hitlers gegründet), die Angst und Schrecken verbreiteten, zur Ausübung der deutschen Besatzungsherrschaft wesentlich bei.

Aufgabe 7: *Trage in die Blasen ein, was die abgebildeten deutschen Soldaten gedacht oder gesagt haben könnten.*

Hinrichtung polnischer Geiseln in Bochnia (Polen) durch die deutschen Besatzungstruppe, nachdem polnische Staatsangehörige zwei deutsche Polizisten getötet hatten

KOHL VERLAG Deutsche Geschichte von 1933 bis 1945 Ein informativer Überblick – Bestell-Nr. 12 339

Hitlers Vorstellungen zur Behandlung der Bevölkerung in den eroberten Ostgebieten[1]:

„Das Impfen und was es sonst an vorbeugenden Gesundheitsmaßnahmen gebe, komme für die nichtdeutsche Bevölkerung keineswegs in Betracht. Man sollte deshalb ruhig den Aberglauben unter ihnen verbreiten lassen, dass das Impfen usw. eine ganz gefährliche Sache sei … Man müsse ihnen zwar Schulen geben, für die sie bezahlen müssten, wenn sie hineingingen. Man dürfte sie in ihnen nicht mehr lernen lassen als höchstens die Bedeutung der Verkehrszeichen. Inhalt des Geographieunterrichts dürfte im Großen und Ganzen nur sein, dass die Hauptstadt des Reiches Berlin heiße und jeder in seinem Leben einmal in Berlin gewesen sein müsse. Darüberhinaus genüge es vollkommen, wenn die nichtdeutsche Bevölkerung etwas Deutsch lesen und schreiben lerne. Unterricht im Rechnen und dergleichen sei überflüssig.

Aufgabe 8: *Fasse in zwei Sätzen zusammen, wie sich Hitler die nationalsozialistische Herrschaft in den eroberten Ostgebieten vorstellte.*

Aufgabe 9: *Was könnte deiner Meinung nach der Grund dafür gewesen sein, dass Hitler der osteuropäischen Bevölkerung keine medizinische Versorgung und Bildung zukommen lassen wollte?*

Aufgabe 10: *Welche Meinung hast du zu Hitlers Vorstellungen?*

[1] Aus: Picker / Ritter: Hitlers Tischgespräche im Führerhauptquartier; Bonn 1951; S.116 □ aus dem Gespräch vom 22. Juli 1942 abends; zitiert nach: W. Hug u.a.: Geschichtliche Weltkunde – Bd. 3; 2. Auflage: Frankfurt/Main 1979; S. 159

Zwangsarbeit

Während der nationalsozialistischen Herrschaft wurden zahlreiche ausländische Kriegsgefangene und Zivilisten dazu genötigt, Zwangsarbeit zu leisten. Eingesetzt wurden sie zum Teil in den eroberten Gebieten, viele wurden aber auch nach Deutschland verschleppt. Auch arbeitsfähige Juden und sonstige Häftlinge in Konzentrationslagern waren zur Zwangsarbeit verpflichtet. Mit diesen Arbeitskräften wurde besonders schlimm umgegangen.

Belgische Zwangsarbeiter in Ostende (Belgien)

Während des Zweiten Weltkrieges waren nach Schätzungen im Bereich des Großdeutschen Reiches insgesamt etwa 13,5 Millionen Ausländer als Arbeitskräfte eingesetzt. Davon sollen über 8 Millionen Zivilarbeiter gewesen sein. Ziel war es, die Arbeitskraft der fehlenden Männer, die sich im Kriegseinsatz befanden, zu ersetzen. Zwangsarbeiter waren für Deutschland tätig in vielen Zweigen der Wirtschaft: in der Rüstungsindustrie, im Bergbau, im Handwerk, in der Landwirtschaft ... Die deutsche Kriegswirtschaft, Industrie und Landwirtschaft wären ohne die vielen deportierten Fremdarbeiter und Kriegsgefangenen zusammengebrochen. Unter den ausländischen Zwangsarbeitern befanden sich u. a. Franzosen, Italiener, Belgier, Niederländer und vor allem die sogenannten „Ostarbeiter", die im Vergleich zu den anderen so gut wie keine Rechte besaßen.

Oft waren in großen Betrieben viele Zwangsarbeiter beschäftigt. Fern der Heimat hatten die Zwangsarbeiter, zu denen auch junge Frauen gehörten, täglich lange und hart unter oftmals unmenschlichen Bedingungen zu arbeiten, ja zu schuften. Die Arbeitskräfte bekamen wenig oder nur das Notwendigste zu essen, weshalb nicht wenige von ihnen verhungerten. Unter Bewachung mussten sie häufig in Baracken hausen. Andere Zwangsarbeiter hatten das Glück, besser behandelt zu werden, indem sie von manchen Deutschen nicht schikaniert wurden und z. B. mehr Lebensmittel erhielten.

Aufgabe 11: *Erkläre in eigenen Sätzen, warum es zum Einsatz von Zwangsarbeitern kam.*

____

____

____

____

____

Aufgabe 12: *Besorge dir im Internet weitere Informationen über die Zwangsarbeit während der nationalsozialistischen Herrschaft. Notiere erhaltene Informationen in eigenen Sätzen.*

Deutsche Geschichte von 1933 bis 1945
Ein informativer Überblick – Bestell-Nr. 12 339

KOHL VERLAG

Die Ausweitung des Zweiten Weltkrieges

Am 07.12.1941 griffen japanische Flugzeuge überraschend den US-amerikanischen Militärstützpunkt Pearl Harbor auf Hawaii an und zerstörten bzw. beschädigten u. a. zahlreiche Schiffe. Daraufhin kam es am nächsten Tag zur Kriegserklärung der USA an Japan. Ein paar Tage später erklärte Deutschland – veranlasst durch Hitler in totaler Überheblichkeit – den Krieg an die USA. Italien schloss sich der deutschen Kriegserklärung gegenüber den USA an. Auch die USA stellten sich nunmehr auf den militärischen Kampf gegen die drei Achsenmächte Deutschland, Italien, Japan und deren Verbündete ein.

Japanischer Angriff auf Pearl Harbor

Im Juni 1942 vereinbarten die drei mächtigen Staaten USA, Großbritanien und die Sowjetunion die militärische Zusammenarbeit im Kampf gegen die Achsenmächte. Ab 1942 erlangten die US-amerikanische sowie die britische Luftwaffe zunehmend die Überlegenheit in der Luft über Deutschland. Flugzeuge mit Bomben an Bord griffen vor allem deutsche Großstädte an. Die Angriffe führten zu vielen Zerstörungen, Beschädigungen und Todesopfern in den Städten. Auch auf dem Land und zu Wasser wurde die Überlegenheit der alliierten Truppen zunehmend größer.

Im Mai 1943 ergaben sich deutsche und italienische Truppen den Alliierten in Nordafrika (Tunesien). Anfang September 1943 landeten die Alliierten auf dem italienischen Festland. Am 6.6.1944 gelang den Alliierten die Invasion im Norden Frankreichs an der Küste der Normandie. Truppen der Alliierten überschritten im September 1944 bei Trier erstmals die Westgrenze des vor 1939 bestehenden Deutschen Reiches.

Aufgabe 13: *Richtig oder falsch? Kreuze an und korrigiere anschließend die falschen Aussagen.*

		Richtig	Falsch
	Deutsche Flugzeuge griffen im Dezember 1941 den US-amerikanischen Militärstützpunkt Pearl Harbor auf Hawaii an.		
	Deutschland erklärte den USA den Krieg.		
	Die drei Achsenmächte waren Japan, Italien und Deutschland.		
	Die Kriegserklärung Deutschlands an die USA war ein großer Fehler.		
	Die deutsche Luftwaffe war der britischen und US-amerikanischen Luftwaffe überlegen.		
	Die Alliierten kämpften sich durch Italien nach Norden vor.		
	Alliierte landeten auch im Süden Frankreichs in der Normandie.		
	Im September 1945 drangen zum ersten Mal Truppen der Alliierten über die Westgrenze nach Deutschland vor.		

Die Gegner im Zweiten Weltkrieg – ein Überblick

Deutschland war im Zweiten Weltkrieg mit Italien und Japan verbündet. Im Weiteren kämpften auf der Seite dieser „Achsenmächte" beispielsweise Ungarn, Rumänien, die Slowakei, Bulgarien, Finnland und Kroatien.

Auf der anderen Seite stand die sogenannte Anti-Hitler-Koalition, die aus den drei alliierten Hauptmächten Sowjetunion, Großbritannien und später den USA sowie weiteren Staaten wie Frankreich, Polen, aber auch Norwegen, Belgien, Niederlande, Griechenland, Kanada, Australien ... bestand. Im Verlauf des Krieges ergaben sich die meisten Staaten, die mit den Achsenmächten verbündet waren und gingen zu den Alliierten über. Italien kapitulierte bereits im September 1943 und erklärte Deutschland im Oktober 1943 den Krieg. In der Endphase des Zweiten Weltkrieges gehörten über 50 Staaten den Alliierten an. Das Deutsche Reich kapitulierte im Mai 1945 ebenfalls. Damit endete der Krieg in Europa.

Übersicht über die kriegsführenden Staaten des Zweiten Weltkrieges ab Dezember 1941

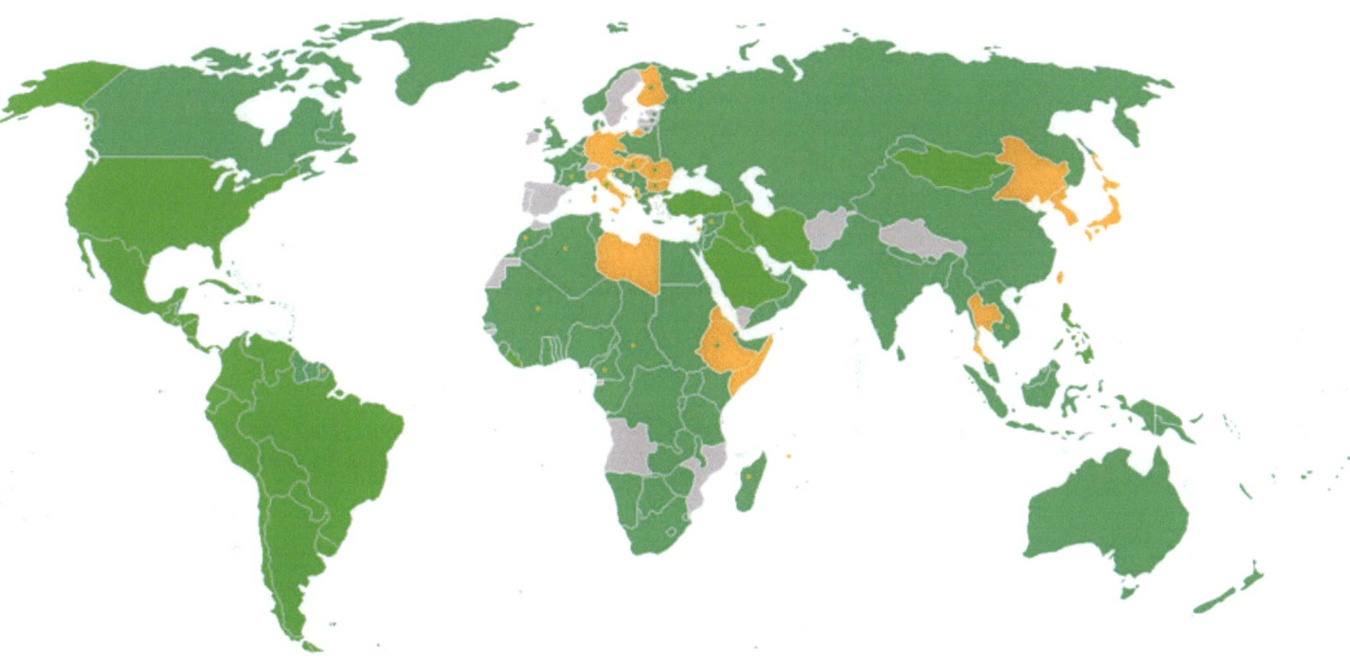

Grün: Alliierte Westmächte • Orange: Achsenmächte • Grau: neutrale Länder

Aufgabe 14: *Wer kämpfte auf welcher Seite? Fülle die Tabelle aus.*

Achsenmächte und Verbündete	Alliierte und Verbündete

KOHL VERLAG Deutsche Geschichte von 1933 bis 1945 Ein informativer Überblick – Bestell-Nr. 12 339

Der Endkampf

Im Februar 1943 rief der Reichspropagandaminister Goebbels in Berlin zum „totalen Krieg“ auf. Er und andere Nationalsozialisten forderten von den deutschen Soldaten sowie der weiteren Bevölkerung alle Anstrengungen zu unternehmen, damit die Gegner besiegt, ja vernichtet werden. Aber die Alliierten kämpften sich immer weiter vor, die deutschen Soldaten wurden mehr und mehr zurückgedrängt. Vom Osten kamen die sowjetischen Truppen, vom Westen hauptsächlich die US-amerikanischen und britischen Truppen.

Volkssturmmann mit Gewehr

Je länger der Zweite Weltkrieg dauerte, umso weniger bestand bei den noch lebenden deutschen Soldaten und bei der Zivilbevölkerung Hoffnung auf einen Erfolg. Die führenden Nationalsozialisten verkündeten Durchhalteparolen, obwohl diese sinnlos waren. „Wunderwaffen des Führers Hitler“ wurden öffentlich angekündigt, die zu einer Wende im Krieg führen würden. In Wirklichkeit existierten diese „Wunderwaffen“ überhaupt (noch) nicht. Ende September 1944 befahl Hitler die Bildung des Volkssturms. Alle männlichen Personen im Alter zwischen 16 und 60 Jahren – sofern sie noch nicht Soldaten waren – mussten in Kampforganisationen dazu beitragen, das Heimatgebiet zu verteidigen. So manche deutsche Soldaten, die nicht mehr bereit waren zu kämpfen, zu fliehen versuchten, aber gefasst wurden, wurden durch deutsche Militärgerichte als „Fahnenflüchtige“ (= Deserteure) zum Tode verurteilt und hingerichtet (erschossen oder erhängt).

Aufgabe 15: *Angenommen: Du hättest als Jugendlicher einen Einberufungsbefehl zum Volkssturm erhalten.*

a) *Welche Gedanken wären dir durch den Kopf gegangen?*

b) *Wie hättest du auf den Einberufungsbefehl reagiert?*

KOHL VERLAG Deutsche Geschichte von 1933 bis 1945

Aufgabe 16: *Beantworte die Fragen.*

a) Was tat der Reichspropagandaminister Goebbels im Februar 1943?

____

____

b) Welche Truppen drangen vom Osten nach Deutschland vor?

____

____

c) Welche Truppen kämpften sich vom Westen nach Deutschland vor?

____

____

d) Wodurch sollte es laut Verkündung durch die Nationalsozialisten noch zu einer Wende im Zweiten Weltkrieg kommen?

____

____

e) Was befahl Hitler im September 1944?

____

____

____

____

____

____

f) Was passierte mit so manchen deutschen Soldaten, die zu fliehen versuchten, aber gefasst wurden?

____

____

____

____

____

253

Reichsgesetzblatt

Teil I

1944	Ausgegeben in Berlin am 20. Oktober 1944	Nr. 53

Tag	Inhalt	Seite
25. 9. 44	Erlaß des Führers über die Bildung des Deutschen Volkssturms	253

Erlaß des Führers über die Bildung des Deutschen Volkssturms.

Vom 25. September 1944.

Nach fünfjährigem schwerstem Kampf steht infolge des Versagens aller unserer europäischen Verbündeten der Feind an einigen Fronten in der Nähe oder an den deutschen Grenzen. Er strengt seine Kräfte an, um unser Reich zu zerschlagen, das Deutsche Volk und seine soziale Ordnung zu vernichten. Sein letztes Ziel ist die Ausrottung des deutschen Menschen.

Wie im Herbst 1939 stehen wir nun wieder ganz allein der Front unserer Feinde gegenüber. In wenigen Jahren war es uns damals gelungen, durch den ersten Großeinsatz unserer deutschen Volkskraft die wichtigsten militärischen Probleme zu lösen, den Bestand des Reichs und damit Europas für Jahre hindurch zu sichern. Während nun der Gegner glaubt, zum letzten Schlag ausholen zu können, sind wir entschlossen, den zweiten Großeinsatz unseres Volkes zu vollziehen. Es muß und wird uns gelingen, wie in den Jahren 1939 bis 1941 ausschließlich auf unsere eigene Kraft bauend, nicht nur den Vernichtungswillen der Feinde zu brechen, sondern sie wieder zurückzuwerfen und so lange vom Reich abzuhalten, bis ein die Zukunft Deutschlands, seiner Verbündeten und damit Europa sichernder Friede gewährleistet ist.

Dem uns bekannten totalen Vernichtungswillen unserer jüdisch-internationalen Feinde setzen wir den totalen Einsatz aller deutschen Menschen entgegen.

Zur Verstärkung der aktiven Kräfte unserer Wehrmacht und insbesondere zur Führung eines unerbittlichen Kampfes überall dort, wo der Feind den deutschen Boden betreten will, rufe ich daher alle waffenfähigen deutschen Männer zum Kampfeinsatz auf.

Ich befehle:

1. Es ist in den Gauen des Großdeutschen Reichs aus allen waffenfähigen Männern im Alter von 16 bis 60 Jahren der Deutsche Volkssturm zu bilden. Er wird den Heimatboden mit allen Waffen und Mitteln verteidigen, soweit sie dafür geeignet erscheinen.

Reichsgesetzbl. 1944 I 72

Deutsche Geschichte von 1933 bis 1945
Ein informativer Überblick – Bestell-Nr. 12 339
KOHL VERLAG

Im Frühjahr 1945 hatten die Alliierten große Teile Deutschlands eingenommen. Als Ende April 1945 sowjetische Truppen dabei waren, die deutsche Hauptstadt Berlin zu erobern, begingen u. a. Hitler und Goebbels in dieser Stadt Selbstmord. Öffentlich wurde bekanntgegeben, Hitler sei im Kampf als Held gestorben. Kurz vor dem Selbstmord ernannte Hitler den Admiral Dönitz zu seinem Nachfolger als Reichspräsident und zum Oberbefehlshaber der Wehrmacht.

Unterzeichnung der bedingungslosen Kapitulation in Reims, 7. Mai 1945

Unter der Führung des Admirals Dönitz kapitulierte Deutschland schließlich. Deutsche Gesandte unterschrieben die bedingungslose Kapitulation am 07.05.1945 im US-amerikanischen Hauptquartier in Reims/Frankreich sowie am 08.05.1945 im sowjetischen Hauptquartier in Berlin-Karlshorst. Damit endete der Zweite Weltkrieg in Europa.

Der Krieg ist aus!

Bedingungslose Kapitulation!

In Asien ging der Zweite Weltkrieg erst Anfang September 1945 zu Ende. Die USA hatten im August dieses Jahres jeweils eine Atombombe auf die beiden japanischen Städte Hiroshima und Nagasaki abgeworfen. Erst danach kapitulierte Japan.

Aufgabe 17: *Beantworte die Fragen.*

a) Wie starb Hitler?

____

b) Was wurde öffentlich über Hitlers Tod bekanntgegeben?

____

c) Wer war Admiral Dönitz?

____

d) Womit endete der Zweite Weltkrieg in Europa?

____

e) Wie ging der Zweite Weltkrieg in Asien zu Ende?

____

____

Die zerstörte Stadt Nagasaki

Aufgabe 18: *Befrage eine ältere Person (z. B. deinen Großvater oder deine Großmutter) und notiere, wie diese Person den Zweiten Weltkrieg erlebt hat.*

Die Rache der Gegner: Das Schicksal einer deutschen Familie

Das Verhalten der deutschen Eroberer gegenüber gegnerischen Soldaten und der in den eingenommenen Gebieten ansässigen Bevölkerung ist eindeutig zu verurteilen. Die grausamen Taten der Nationalsozialisten und deren Helfer lassen sich nicht rechtfertigen.

Nicht vergessen oder außer Acht lassen sollte man allerdings auch: Gegnerische Soldaten (insbesondere sowjetische) und Zivilisten (Polen, Tschechen …) rächten sich gegen Ende des Zweiten Weltkrieges und danach an deutschen Militärangehörigen und Nichtsoldaten. Besonders in den Ostgebieten bekamen deutsche Soldaten und Zivilisten die Rache zu spüren. Unzählige Deutsche wurden schikaniert, ermordet, verschleppt, vertrieben … Dabei wurden zahlreiche Kriegsverbrechen von gegnerischer Seite begangen. Sehr viele deutsche Zivilisten mussten für die Taten der Nationalsozialisten büßen. Aufgrund des Verlaufes des Zweiten Weltkrieges verloren etliche Deutsche (Ostpreußen, Westpreußen, Schlesier …) ihre ursprüngliche Heimat. Deutschland musste nach dem Krieg alle ehemaligen deutschen Gebiete östlich der Flüsse Oder und der Görlitzer (= Lausitzer) Neiße an Polen bzw. an die Sowjetunion (= heute Russland) abtreten.

Geschichte live:

Januar 1945: Soldaten der sowjetischen Roten Armee dringen von Osten immer weiter vor. Auch in Ostpreußen nimmt in der deutschen Bevölkerung die Angst vor den sowjetischen Truppen zu. Befürchtet werden Gräueltaten als Vergeltung für den deutschen Überfall auf die Sowjetunion. Die einen deutschen Bewohner flüchten bei klirrender Kälte und Schnee aus Ostpreußen oder versuchen es zumindest. Andere Bewohner (vor allem Frauen und Kinder) verstecken sich in z. B. Wäldern vor den sowjetischen Soldaten.

Auch weibliche Personen der deutschen Familie Matischewski (Mutter und mehrere Töchter) suchen Zuflucht in einem Wald und zwar in der Nähe ihres Heimatdorfes Malshöfen (= heute Malszewo in Polen). Doch dann werden sie am 21.01.1945 von Rotarmisten entdeckt. Die Soldaten erschießen die Mutter, drei ihrer Töchter sowie weitere Einheimische, als diese davonfliehen wollen. Aus der Familie Matischewski überlebt die damals 9 Jahre alte Martha das Geschehen. Am 3. Tag nach den Erschießungen findet der Großvater seine Enkelin Martha liegend unter der toten Mutter. Aufgrund der Kälte sind Martha jedoch beide Hände und Beine erfroren. Deshalb müssen sie Martha Matischweski später amputiert werden.

Hinweis: Überlebende beerdigten die Toten dort im Wald, wo diese erschossen worden waren.

Aufgabe 19: *Du hast den Text gelesen und siehst das beigefügte Bild. Was denkst du über das damalige Geschehen? Schreibe deine Gedanken auf.*

____

____

____

____

Deutsche Geschichte von 1933 bis 1945
Ein informativer Überblick – Bestell-Nr. 12 339
KOHL VERLAG

Geschichte live: 26./27. März 1945

Friedrich B. sitzt auf einem Bett. Er kann nicht schlafen und starrt auf das vergitterte Fenster. Noch so jung ist er, erst 18 Jahre alt. Gehofft hat er, doch das Gesuch ist abgelehnt worden.

Nun weiß er, was ihm bevorsteht ...

Aufgabe 20: *Denkt nach und schreibt auf: Wo befindet sich wohl Friedrich B.? Was ist passiert und was wird passieren?*

KOHL VERLAG Deutsche Geschichte von 1933 bis 1945

Die Jalta-Konferenz

Aufgabe 21: *Verbinde jeweils, welche Satzendung zu welchem Satzanfang gehört. Schreibe die Sätze dann vollständig und in der richtigen Reihenfolge auf.*

	Satzanfänge
1.	Noch vor der deutschen Kapitulation fand im
2.	Im sowjetischen Kurort Jalta auf der Halbinsel Krim trafen sich
3.	Diese waren der US-amerikanische Präsident Roosevelt, der britische
4.	Die drei Politiker vereinbarten u. a., nach der deutschen Kapitulation sollte
5.	Ein Alliierter Kontrollrat mit französischer
6.	Beschlossen wurden im Weiteren die
7.	Zudem wurde die Bildung einer Kommission zur
8.	Polen sollte einen Zuwachs an Gebieten
9.	Anfang Mai 1945 kam es zur bedingungslosen
10.	Danach wurden Vereinbarungen der Jalta-Konferenz auf der Potsdamer

	Satzendungen
a)	Beteiligung sei zu bilden.
b)	Deutschland in vier Besatzungs-zonen aufgeteilt werden.
c)	Premierminister Churchill sowie der sowjetische Diktator Stalin.
d)	Bestimmung der zukünftigen deutschen Reparationen abgemacht.
e)	Februar 1945 eine bedeutende Konfe-renz statt.
f)	Konferenz (17.7.-2.8.1945) bestätigt, konkretisiert und schließlich durchgeführt.
g)	die führenden Politiker der USA, Großbritanniens und der Sowjetunion.
h)	Kapitulation Deutschlands gegenüber den Alliierten.
i)	Entmilitarisierung und Entnazifizierung Deutschlands.
j)	im Norden und im Westen erhalten.

KOHL VERLAG Deutsche Geschichte von 1933 bis 1945 – Ein informativer Überblick – Bestell-Nr. 12 339

Gründe für die deutsche Niederlage im Zweiten Weltkrieg

- Die Zielsetzung der Weltherrschaft durch das nationalsozialistische Deutschland forderte die Gegenwehr anderer Staaten heraus.
- In den besetzen Gebieten übten die Deutschen überwiegend brutal die Herrschaft aus, was den Widerstandswillen der unterdrückten Völker verstärkte.
- Die Alliierten erlangten mit der Zeit mehr und mehr die personelle, wirtschaftliche und kriegsmaterielle Überlegenheit.
- Die deutsche Außenpolitik war verfehlt, sie führte zur deutschen Isolierung.
- Die Nationalsozialisten überschätzten die deutsche Stärke, waren bzw. wurden größenwahnsinnig.
- Deutsche Generäle widersetzten sich Hitler nicht und begingen militärisch-strategische Fehler.
- Die deutschen Soldaten sowie Zivilisten waren schließlich zu erschöpft und sehnten sich nach Frieden.
- ...

Aufgabe 22: *Wie beurteilst du die genannten Gründe für die deutsche Niederlage im Zweiten Weltkrieg? Welche Gründe sind deiner Meinung nach am wichtigsten, welche weniger wichtig für die deutsche Niederlage? Gibt es deiner Ansicht nach weitere Gründe für die deutsche Niederlage? Wenn ja, welche Gründe?*

Berliner Reichstagsgebäude, 3. Juni 1945

Deutsche Geschichte von 1933 bis 1945

Der Zweite Weltkrieg – eine kurze Bilanz und Bewertung

Bisher starben in einem Krieg noch nie so viele Menschen wie im Zweiten Weltkrieg. Nach Schätzungen verloren in diesem Krieg insgesamt etwa 55 Millionen Menschen ihr Leben. Mit etwa 20 Millionen Toten, davon ca. 13 Millionen toten Soldaten, war die Sowjetunion am stärksten betroffen. Beinahe 5 Millionen Deutsche (darunter 3 Millionen Soldaten) erlitten im Zweiten Weltkrieg den Tod. Außer den ganz vielen Toten gab es durch den Zweiten Weltkrieg unzählig viele Verletzte und Versehrte. Der Zweite Weltkrieg richtete enorme materielle Zerstörungen und Beschädigungen an. Eigentlich müssten die Menschen aus dem Zweiten Weltkrieg gelernt haben, nie wieder Krieg zu führen.

Zweifellos trug Deutschland die Schuld am Ausbruch und weiteren Verlauf des Zweiten Weltkrieges. Genauer gesagt waren es mit ihrer Ideologie die Nationalsozialisten (insbesondere Hitler), die die Weltherrschaft anstrebten und andere Völker zu unterdrücken oder sogar zu vernichten versuchten. Nicht vergessen werden darf aber: Auch Deutschlands Verbündete Italien (unter dem Diktator Mussolini) und Japan betrieben eine aggressive, imperialistische Außenpolitik und trugen damit zum Zweiten Weltkrieg bei. Ebenfalls die Sowjetunion unter dem Diktator Stalin verfolgte imperialistische Zielsetzungen.

Hätte der Zweite Weltkrieg verhindert werden können? Die Appeasement-Politik (= Beschwichtigungspolitik) Großbritanniens unter dem Premierminister N. Chamberlain, die durch Zugeständnisse an Deutschland und Italien den Frieden retten wollte, war nicht erfolgreich. Möglicherweise hätte ein früheres, energisches Vorgehen Großbritanniens und anderer Staaten gegenüber dem von Nationalsozialisten beherrschten Deutschland den Zweiten Weltkrieg verhindert. Zu bedenken gilt auch: Durch die für Deutschland nach dem Ersten Weltkrieg erfolgten harten Bedingungen des Versailler Vertrages von 1919 bestand die Gefahr eines späteren Krieges, wozu es ab 1939 kam.

Bettelnder Kriegsinvalide, Essen

Aufgabe 23: *Verfasse in eigenen Sätzen einen Text zur Bilanz und Bewertung des Zweiten Weltkrieges.*

Aufgabe 24: *Diskutiert: Wie hätte eurer Meinung nach der Krieg verhindert werden können?*

KOHL VERLAG Deutsche Geschichte von 1933 bis 1945 Ein informativer Überblick – Bestell-Nr. 12 339

9 Widerstand gegen den Nationalsozialismus in Deutschland

Claus Schenk Graf von Stauffenberg

Nicht vergessen werden sollte: Auch in Deutschland selbst gab es Proteste und Widerstand gegen die nationalsozialistische Herrschaft. Doch es war sehr riskant, sich zu widersetzen oder dazu aufzurufen. Wer dies tat, musste den eigenen Tod einkalkulieren. Dennoch wagten Menschen den Widerstand.

Gründe für das Handeln der Widerstandskämpfer(innen) waren vor allem das verbrecherische, brutale Vorgehen der Nationalsozialisten, die irrsinnige Kriegsführung, humane und christliche Einstellungen. In der den Nationalsozialisten ergebenen Bevölkerung galten Widerstandskämpfer(innen) als Volksverräter. Von daher wurden (so) manche Nazi-Gegner, die im Untergrund agierten, verraten und gerieten u. a. in die Hände der Geheimen Staatspolizei (= Gestapo). Wenn die Nazi-Gegner danach noch lebten, kamen sie vor Gericht (mussten sich z. B. vor dem Volksgerichtshof verantworten), wurden dann oft zum Tode verurteilt und hingerichtet, durch Erhängen oder per Fallbeil.

Claus Schenk Graf von Stauffenberg

Im Zeitraum 1933-1945 soll es über 40 Attentate bzw. Vorbereitungen zu Attentaten auf Hitler gegeben haben. Alle Versuche Hitler zu töten scheiterten aber. Am bekanntesten ist das Attentat auf Hitler durch den Generalstabsoffizier von Stauffenberg am 20.07.1944 im Führerhauptquartier „Wolfsschanze“ in Ostpreußen bei Rastenburg. Nach der missglückten Tötung Hitlers wurden in Deutschland etwa 5000 Personen verhaftet, die als (mögliche) Feinde des Nationalsozialismus angesehen wurden. Ca. 200 der Verdächtigen wurden hingerichtet. Der Generalstabsoffizier von Stauffenberg wurde noch in der Nacht vom 20.07. zum 21.07.1944 standrechtlich erschossen.

In Deutschland existierte keine einheitliche Widerstandsbewegung gegen den Nationalsozialismus. Es waren unterschiedliche Einzelpersonen, hauptsächlich aber Gruppierungen, die Widerstand gegen den Nationalsozialismus leisteten. Zu den Widerstandskämpfern(innen) gehörten Adlige, Bürger, Kommunisten, Sozialdemokraten, Kirchenvertreter (u. a. Pfarrer), Soldaten und Jugendliche.

Aufgabe 1: *Wo sind die Fehler?*

a) Jeder liest den Text für sich allein durch und streicht sich dabei die wichtigsten Aussagen an.

b) Anschließend formuliert jeder fünf Aussagen zum Text, in die er absichtlich jeweils einen Fehler einbaut.

c) Dann werden die fehlerhaften Aussagen mit denen des Partners ausgetauscht. Jeder hat nun die Aufgabe, die Fehler zu finden und die Aussagen zu korrigieren.

d) Zuletzt werden die korrigierten Aussagen wieder untereinander gewechselt. Der jeweils andere überprüft nun, ob die Fehler gefunden und korrekt korrigiert wurden.

Helmuth Hübener

Helmuth Hübener (Mitte)

Ein Beispiel für einen jugendlichen Widerstandskämpfer ist der Hamburger Helmuth Hübener (1925-1942). Der Jugendliche gehörte der christlichen Glaubensgemeinschaft der Mormonen an. Er machte eine Ausbildung in der Verwaltung der Hamburger Sozialbehörde. In seiner Freizeit lernte Helmuth Hübener andere Jugendliche kennen. Sie hörten gemeinsam ausländische Radiosender. Daraufhin entwarfen Helmuth Hübener sowie zwei gleichgesinnte Heranwachsende Flugblätter und verbreiteten sie in Hamburg. In den Flugblättern riefen die drei Jugendlichen zum Kampf gegen den Nationalsozialismus auf und informierten die Leser über die wahre militärische Lage. Helmuth Hübener wurde durch seinen beruflichen Vorgesetzten, der ein Mitglied der NSDAP war, an die Gestapo verraten. Die Gestapo misshandelte Helmuth Hübener und die betreffenden anderen Jugendlichen. Anschließend verurteilte der Volksgerichtshof in Berlin Helmuth Hübener als Rädelsführer zum Tod. Am 27.10.1942 starb Helmuth Hübener durch das Fallbeil. Die anderen Jugendlichen erhielten lange Haftstrafen.

Ein Flugblatt von Helmuth Hübener:

HITLERJUGEND

Deutsche Jungen, seid ihr euch überhaupt bewusst, was die H.J. ist und welche Ziele sie verfolgt? Ihr könnt es nicht wissen. Eure selbstherrlichen Führer und Unterführer predigen immer von Kameradschaft, während sie sich selbst aus dem Kreise der Kameradschaft ausschließen. Sie fühlen sich hier doch recht in ihrem Element, wenn sie die eingeschüchterten Jungen, wenn sie euch tyrannisieren können. Oder wollt ihr etwa abstreiten, dass man euch mit allen zur Verfügung stehenden Mitteln gefügig machen will? Man droht euch mit disziplinarischen Strafen, polizeilichen Maßnahmen und lässt euch Deutsche sogar die Freiheit nehmen und in sog. Wochenendkarzer stecken.
Kennt ihr derartige Bauten? Nein? Nun, bei der nächsten Gelegenheit werdet ihr noch von ihnen zu hören bekommen. Das ist also die weit und breit gepriesene H.J. Eine Zwangsorganisation ersten Ranges zur Heranziehung nazihöriger Volksgenossen. Hitler und seine Komplizen wissen, dass sie euch von Anfang an den freien Willen nehmen müssen, um gefügige, willenlose Elemente aus euch machen zu können. Denn Hitler weiß, dass seine Zeitgenossen ihn langsam zu durchschauen beginnen, ihn, den Unterdrücker freier Nationen, den Mörder von Millionen.
Darum rufen wir euch zu: *Lasst euch euren freien Willen, das kostbarste, was ihr besitzt, nicht nehmen. Lasst euch von euren Führern – selbstherrlichen Königen im Kleinen – nicht unterdrücken und tyrannisieren, sondern wendet vielmehr der H.J., dem Werkzeug des Hitlerregimes für euren Untergang, den Rücken. Wir sind bei euch, und unsere Hilfe ist euch jederzeit gewiss! „Harret aus, Deutschland erwacht!“*

„Hitlerjugend“, Flugblatt von Helmuth Hübener, 1941, Bundesarchiv

Aufgabe 2: *Was kritisiert Helmuth Hübener mit seinem Flugblatt?* 

Deutsche Geschichte von 1933 bis 1945
Ein informativer Überblick – Bestell-Nr. 12 339
KOHL VERLAG

Die Weiße Rose

Ein weiteres Beispiel für den Widerstand gegen den Nationalsozialismus ist die Gruppe Weiße Rose. Diese Widerstandsgruppe bestand aus Studenten, Gelehrten sowie Künstlern. Der Weißen Rose sollen ca. 60 Personen angehört haben. Am bekanntesten aus der Widerstandsgruppe sind heute Hans Scholl (1918-1943) und Sophie Scholl (1921-1943).

Denkmal für die Weiße Rose, München

Die beiden Geschwister wurden im Februar 1943 bei einer Verteilung von Flugblättern an der Universität München verhaftet und sehr kurz darauf hingerichtet. Auch weitere Angehörige der Weißen Rose wurden verurteilt, durch Nationalsozialisten hingerichtet oder kamen in Gefängnisse bzw. Konzentrationslager.

Die Mitglieder der Weißen Rose legten vor allem in Flugblättern, die verbreitet wurden, die Verbrechen Hitlers und anderer führender Nationalsozialisten dar. Oder die Widerstandskämpfer schrieben ihre Kritik nachts z. B. an Häuserwänden auf. Eine wesentliche Kritik war dabei, wie Nationalsozialisten mit den Juden und anderen Gegnern umgingen. Der Name „Weiße Rose“ stand oben auf den erstellten und verbreiteten Flugblättern der Widerstandsorganisation. Möglicherweise benannte sich die Widerstandsorganisation nach dem erstmals im Jahr 1929 veröffentlichten Roman „Die Weiße Rose“ des sagenumwobenen deutschen Schriftstellers B. Traven (1882-1969). Hans Scholl gefiel dieser Roman sehr. Die letzten Worte von Hans Scholl sollen „Es lebe die Freiheit!“ gewesen sein, bevor das Fallbeil ihn tötete.

Aus dem 6. Flugblatt der Weißen Rose, das Hans und Sophie Scholl am 18.2.1943 verteilten, bevor sie festgenommen wurden:

„... Im Namen des ganzen deutschen Volkes fordern wir vom Staat Adolf Hitlers die persönliche Freiheit, das kostbarste Gut der Deutschen zurück, um das er uns in der erbärmlichen Weise betrog. In einem Staat rücksichtsloser Knebelung jeder freien Meinungsäußerung sind wir aufgewachsen. HJ, SA und SS haben uns in den fruchtbarsten Bildungsjahren unseres Lebens zu uniformieren, zu revolutionieren, zu narkotisieren versucht. Weltanschauliche Schulung hieß die verächtliche Methode, das aufkeimende Selbstdenken und Selbstwerten in einem Nebel leerer Phrasen zu ersticken ... Es gibt für uns nur eine Parole: Kampf gegen die Partei! Heraus aus den Parteigliederungen, in denen man uns politisch weiter mundtot halten will! ... Freiheit und Ehre! Zehn lange Jahre haben Hitler und seine Genossen die beiden herrlichen deutschen Worte bis zum Ekel ausgequetscht, abgedroschen, verdreht, wie es nur Dilettanten vermögen, die die höchsten Werte einer Nation vor die Säue zu werfen ...

Aufgabe 3: *Worum geht es in den Auszügen aus dem 6. Flugblatt der Weißen Rose?*

Aufgabe 4: *Wie beurteilst du das, was in den Auszügen aus dem 6. Flugblatt steht?*

Kirchlicher Widerstand

Auch Kirchlicher Widerstand gegen die Nationalsozialisten und deren Menschenverachtung sowie Grausamkeiten gab es. Den Nationalsozialisten gelang es nicht, die evangelische und katholische Kirche auszuschalten. Der Versuch der Nationalsozialisten scheiterte, mit Hilfe der nationalsozialistisch eingestellten deutschen Christen eine einheitliche Reichskirche zu schaffen. Im Jahr 1934 bildete sich gegen die Nationalsozialisten die evangelische Bekennende Kirche.

Dietrich Bonhoeffer

Nach der Machtübernahme der Nationalsozialisten in Deutschland strebten die christlichen Kirchen zunächst einen Ausgleich mit den Machtinhabern an. Erst später gingen die christlichen Organisationen mehr zur Kritik an den Aktionen der Nationalsozialisten über. Insgesamt war die Kritik der meisten kirchlichen Organisationen jedoch (zu) verhalten.

Es waren in erster Linie einzelne Geistliche, die herbe Kritik insbesondere in Predigten am verbrecherischen Verhalten der Nationalsozialisten übten. Solche Geistliche wurden aufgrund ihrer Einstellungen und Äußerungen durch die Nationalsozialisten inhaftiert oder sogar zum Tode verurteilt und hingerichtet. Ein Beispiel dafür sind die vier Lübecker Geistlichen (= „Lübecker Märtyrer") Johannes Prassek, Hermann Lange, Eduard Müller und Karl Friedrich Stellbrink, die im November 1943 in Hamburg geköpft wurden. J. Prassek, H. Lange und E. Müller waren katholische Pfarrer, K. F. Stellbrink ein evangelischer Pastor. Der evangelische Theologe Dietrich Bonhoeffer wurde im April 1945 im in Bayern gelegenen Konzentrationslager Flossenbürg kurz vor Kriegsende von SS-Mitgliedern umgebracht.

Fazit:

Insgesamt gesehen gab es in der deutschen Bevölkerung zu wenig Widerstand gegen die Nationalsozialisten. Im Gegensatz zu den Widerstandskämpfern existierte die riesige Masse der Nationalsozialisten sowie deren Befürworter und Unterstützer. Nicht vergessen sollte man bei der Betrachtung die Personen, die nicht nationalsozialistisch eingestellt waren, die aber aufgrund der Angst um das eigene Leben nicht riskierten, Widerstand gegen den Nationalsozialismus zu leisten. Von Nachteil für die Widerstandskämpfer war ebenfalls: Die Widerstandsgruppierungen bekamen fast keine Unterstützung durch die Alliierten.

Aufgabe 5: *Angenommen, du hättest während der Zeit der nationalsozialistischen Herrschaft in Deutschland gelebt. Hättest du es gewagt, sich dem Nationalsozialismus zu widersetzen? Wenn ja, auf welche Weise hättest du Widerstand geleistet?*

Deutsche Geschichte von 1933 bis 1945 Ein informativer Überblick – Bestell-Nr. 12 339 KOHL VERLAG

10 Umgang mit dem Nationalsozialismus in der Nachkriegszeit

Nürnberger Prozesse

Mit der deutschen Kapitulation endete im Mai 1945 die Herrschaft der Nationalsozialisten. Die vier Hauptsiegermächte des Zweiten Weltkrieges (USA, Großbritannien, Frankreich sowie die Sowjetunion) übten anschließend die Besatzungsherrschaft in Deutschland aus. Zu den wesentlichen Zielen der Siegermächte gehörten u. a. Deutschland zu entnazifizieren, zu demokratisieren und zu dezentralisieren.

In Nürnberg führte der Internationale Militärgerichtshof ab November 1945 Prozesse gegen 22 deutsche „Hauptkriegsverbrecher“ durch. Zwölf Angeklagte wurden zum Tode verurteilt, sieben erhielten Haftstrafen zwischen lebenslänglich und zehn Jahren. Vom Gericht wurden drei Angeklagte freigesprochen. Später urteilten Gerichte in Nürnberg und anderen Städten über weitere Nationalsozialisten und deren Helfer (z. B. Ärzte, Leitungen von Konzentrationslagern). Durch die Alliierten wurden u. a. die Partei NSDAP und nahestehende Organisationen wie die SS und Gestapo verboten. Anhand eines Fragebogens wurden Deutsche ab dem Alter von 18 Jahren von den Alliierten bezüglich der Unterstützung bzw. der Beteiligung am Nationalsozialismus befragt und überprüft.

Verhandlungssaal, September 1946

Aber nur ein relativ geringer Anteil der deutschen Bevölkerung (ca. 1%) wurde wegen Unterstützung des bzw. Beteiligung am Nationalsozialismus bestraft. Etliche (ehemalige) Nationalsozialisten oder deren Unterstützer / Sympathisanten kamen in der Bundesrepublik Deutschland beruflich u. a. in der Verwaltung unter (z. B. Juristen, Soldaten, Polizisten, Ärzte ...). In den Köpfen so mancher dieser Personen war weiterhin nationalsozialistisches Denken vorhanden.

Aufgabe 1: *Beantworte die Fragen in eigenen Sätzen.*

a) Mit welchem Ereignis endete die nationalsozialistische Herrschaft?

b) Wer gehörte zu den Hauptsiegermächten des Zweiten Weltkrieges?

c) Was war die wesentliche Zielsetzung der vier Hauptsiegermächte?

d) Welche Urteile wurden in den Nürnberger Prozessen gegen 22 „Hauptkriegsverbrecher“ gefällt?

e) Wie viele Deutsche wurden wegen Unterstützung bzw. der Beteiligung am Nationalsozialismus bestraft?

Aufgabe 2: *Welche Meinung hast du dazu, dass etliche (ehemalige) Nationalsozialisten oder deren Unterstützer in der Bundesrepublik Deutschland einen Arbeitsplatz z. B. in der Verwaltung erhielten?*

Umgang mit dem Nationalsozialismus in der Nachkriegszeit

Aufgabe 3: *Was meinst du zu den folgenden vier Äußerungen? Nimm zu den Aussagen schriftliche Stellung.*

1. „Der Nationalsozialismus hatte nicht nur schlechte, sondern auch gute Seiten."

____

____

____

____

____

2. „Quasi ein Betriebsunfall der deutschen Geschichte war der Nationalsozialismus."

____

____

____

____

____

3. „Das heutige Deutschland ist nicht (mehr) verantwortlich für den Nationalsozialismus von 1933 bis 1945."

____

____

____

____

____

4. „Hitler und die sonstigen Nazis sind nur ein Vogelschiss in unserer über 1000-jährigen Geschichte." (A. Gauland, AfD)

____

____

____

____

____

Aufgabe 4: *Was lässt sich aus der Zeit der nationalsozialistischen Herrschaft (1933-1945) lernen? Überlege und schreibe auf, was sich deiner Meinung nach konkret aus der Zeit der nationalsozialistischen Herrschaft (1933-1945) lernen lässt.*

KOHL VERLAG Deutsche Geschichte von 1933 bis 1945
Ein informativer Überblick – Bestell-Nr. 12 339

Neonazismus

Die im Jahr 1949 gegründete Bundesrepublik Deutschland (= BRD) bekennt sich eindeutig zur Demokratie (siehe u. a. Grundgesetz). Die BRD ist ein demokratischer Rechtsstaat. Auch die allermeisten Bürger dieses Staates sind demokratisch eingestellt und setzen sich für die Demokratie ein.

Doch es gab und gibt auch heutzutage sogenannte „Neonazis“[1]. Es handelt sich um Heranwachsende und Erwachsene, die die Demokratie in der Regel ablehnen. Mit so etlichen Zielsetzungen und Aktivitäten der von 1933 bis 1945 in Deutschland herrschenden Nationalsozialisten identifizieren sich die „Neonazis“. Sie vertreten die Ansicht, die Nationalsozialisten hätten (auch viel) Gutes für Deutschland getan. Brutale, unmenschliche Taten der Nationalsozialisten werden von „Neonazis“ verharmlost oder sogar abgestritten. Kennzeichnend für „Neonazis“ sind vor allem überzogener Nationalismus, Ausländerfeindlichkeit („Ausländer, raus!“), Rassismus, Antisemitismus, Anwendung von Gewalt … Manche „Neonazis“ schreck(t)en nicht davor zurück, politisch motivierte Morde zu begehen. Für einen hierarchisch durchstrukturierten Staat mit einem Führer an der Spitze treten die „Neonazis“ ein. Organisiert sind sie in verschiedenen Gruppierungen, die verdeckt im Untergrund existieren. „Neonazis“ stehen unter Beobachtung durch den Verfassungsschutz und die Polizei. Da in der Bundesrepublik Deutschland u. a. nationalsozialistische Embleme verboten sind, verwenden „Neonazis“ des Öfteren Codes. Ein solcher Code ist z. B. die Zahl 88. Diese Zahl steht bei den „Neonazis“ für „Heil Hitler“. Mit der Ziffer 8 ist dabei jeweils der achte Buchstabe des Alphabets gemeint.

Aufgabe 5: *Was ist typisch für „Neonazis“? Zähle in Stichpunkten auf.*

____

____

____

Aufgabe 6: *Beantworte die Fragen:*

a) Was hältst du von „Neonazis“? Wie sollte deiner Meinung nach mit Neonazismus umgegangen werden?

____

____

____

b) *Wie ist deiner Ansicht nach zu erklären, dass Heranwachsende zu „Neonazis“ wurden und werden?*

____

____

____

[1] neo(s) (griech.) = neu, jung

Zusammenfassung II

Geschichte auf Bildern II

Aufgabe 1: *Was kannst du zum Inhalt der vier Bilder sagen? Erkläre näher, worum es jeweils geht.*

Bild 1:

Bild 2:

Bild 3:

Bild 4:

Deutsche Geschichte von 1933 bis 1945
Ein informativer Überblick – Bestell-Nr. 12 339

Deutschland im Zweiten Weltkrieg (1939-1945) – ein Test

Aufgabe 2: *Vervollständige die Sätze.*

1. Der Zweite Weltkrieg begann mit ...

____.

2. Ab April 1940 besetzten deutsche ...

____.

3. Als Blitzkrieg bezeichnet man ...

____.

4. Deutschland war im Zweiten Weltkrieg u. a. verbündet mit ...

____.

5. Im Juni 1941 griff Deutschland ...

____.

6. Im Dezember 1941 erklärte Deutschland ...

____.

7. Die vier Hauptmächte der Alliierten waren ...

____.

8. In Stalingrad wurde die 6. deutsche Armee ...

____.

9. Antisemitismus bedeutet ...

____.

10. Etwa 6 Millionen Juden ...

____.

Deutsche Geschichte von 1933 bis 1945

Zusammenfassung II

11. Der Nationalsozialist Goebbels rief im Februar 1943 ...

____.

12. Den Alliierten gelang im Juni 1944 ...

____.

13. Am 20.07.1944 verübte der ...

____.

14. In Jalta (Krim) trafen sich im Februar 1945 ...

____.

15. Diese drei Politiker beschlossen ...

____.

____.

16. Deserteure sind ...

____.

17. Hitler beging am ...

____.

18. In Europa endete der Zweite Weltkrieg ...

____.

19. In Asien ging der Zweite Weltkrieg zu Ende ...

____.

20. Im Zweiten Weltkrieg starben ...

____.

KOHL VERLAG Deutsche Geschichte von 1933 bis 1945 Ein informativer Überblick – Bestell-Nr. 12 339

Deutsche Geschichte 1933-1945 von A bis Z

Aufgabe 3: *Welche Begriffe und Namen fallen dir ein, die mit folgenden Anfangsbuchstaben beginnen.*

A	
B	
C	
D	
E	
F	
G	
H	
I	
J	
K	
L	
M	
N	
O	
P	
Q	
R	
S	
T	
U	
V	
W	
Z	

Präsentation

Aufgabe 4: *Wähle ein beliebiges Thema aus der deutschen Geschichte im Zeitraum von 1933 bis 1945 aus. Bereite dich dann auf eine Präsentation vor.*

Tipps für eine Präsentation

- Eine Präsentation ist ein mündlicher Vortrag, bei dem du über ein bestimmtes Thema sprichst.
- Bereite dich gründlich auf die Präsentation vor. Schreibe dir vorher auf, was du sagen willst.
- In deiner Präsentation kannst du ein von dir gestaltetes gut lesbares Plakat und/oder Bilder zeigen. Ein Sprichwort lautet bekanntlich: „Ein Bild sagt mehr als 1000 Worte."
- Sprich während deiner Präsentation laut und deutlich, schaue dabei die Zuhörer an. Lies nicht von einem Blatt Papier ab, sondern rede frei. Aber du kannst ein Blatt Papier mit darauf notierten Stichwörtern in den Händen halten.
- Nenne zu Beginn deines mündlichen Vortrages die Gliederung (= Gliederungspunkte).
- Gib den Zuhörern zum Schluss die Möglichkeit, Fragen zu stellen.
- Deine Präsentation zum genannten Thema sollte ca. 15 Minuten dauern.

Eine ausgedachte Reportage („Geschichte live")

Aufgabe 5: *Berichte über ein historisches Ereignis in Form einer ausgedachten Live-Reportage. Es soll sich um ein historisches Ereignis im Zeitraum 1933-1945 handeln.*
Du kannst die Live-Reportage z. B. so beginnen:

„Liebe Zuhörer, wir befinden uns im Jahr ______. Ich stehe (hier) …" Schreibe das, was du in deiner Live-Reportage sagen möchtest, nun auf!

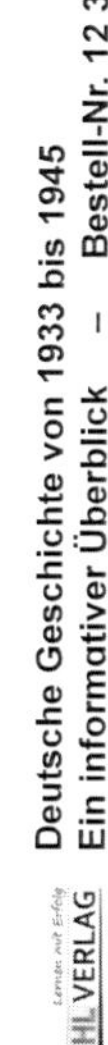

11 Zeittafel 1933-1945

Aufgabe: *Ordne den Datumsangaben das richtige geschichtliche Ereignis zu.*

30.01.1933	Einführung der allgemeinen Wehrpflicht in Deutschland
24.03.1933	„Gesetz über die Hitlerjugend“
02.08.1934	Judenpogrom („Reichskristallnacht“)
16.03.1935	Beginn des Zweiten Weltkrieges (deutscher Überfall auf Polen)
15.09.1935	Einmarsch deutscher Truppen in Österreich
01.12.1936	Deutsch-Sowjetischer Nichtangriffsvertrag
12.03.1938	Kapitulation deutscher Truppen in Stalingrad
29.09.1938	Selbstmord Hitlers
09./10.11.1938	Ernennung Hitlers zum Reichskanzler durch den Reichspräsidenten von Hindenburg
15.03.1939	Deutsche Kriegserklärung an die USA
23.08.1939	Landung der Alliierten in Frankreich (Normandie)
01.09.1939	Tod des Reichspräsidenten von Hindenburg; Ernennung Hitlers zum Staatsoberhaupt („Reichskanzler u. Führer“)
22.06.1941	Attentat auf Hitler durch den Generalstabsoffizier von Stauffenberg
11.12.1941	Kapitulation Deutschlands
31.01./02.02.1943	Verkündung des „totalen Krieges“ durch den Propagandaminister Goebbels
18.02.1943	„Ermächtigungsgesetz“ („Gesetz zur Behebung der Not von Volk und Reich“)
06.06.1944	Einmarsch deutscher Truppen in die Tschechoslowakei
20.07.1944	Deutscher Angriff auf die Sowjetunion
30.04.1945	„Gesetz zum Schutz des deutschen Blutes und der deutschen Ehre“
07.05./08.05.1945	Münchner Abkommen

12 Lösungen

1

Aufgabe 1: Der deutsche **Reichspräsident** von Hindenburg ernannte am **30.01.1933** den Nationalsozialisten Hitler zum **Reichskanzler**. Zur Mittagszeit wurden Hitler und die anderen Mitglieder der Reichsregierung vereidigt. Der Reichskanzler gelobte, sich an die Regeln der **parlamentarischen Demokratie** zu halten. Zur Feier der Ernennung Hitlers zum Reichskanzler gab es am Abend des Tages einen großen **Fackelumzug** der SA und des Stahlhelms.

Aufgabe 2:

Geburtsdatum:	20.04.1889
Geburtsort:	Braunau/Inn (Österreich)
Schulbildung:	Realschule, kein Abschluss
Studium:	vergebliche Versuche, Kunst zu studieren (in Wien)

Weiterer Lebenslauf:

1913	Umzug nach München
1914	freiwillige Meldung am Ersten Weltkrieg (als einfacher Soldat)
ab 1918	Aufbau der NSDAP
1923	Putschversuch in München (danach 9 Monate Gefängnis)
1932	Erlangung der deutschen Staatsbürgerschaft
1933	Ernennung zum deutschen Reichskanzler
1934	„Reichskanzler und Führer“
1945	Selbstmord

Aufgabe 3: intelligent, zielstrebig, sprachlich begabt, machthungrig und herrschsüchtig, gewaltsam ...

Aufgabe 4: Eine Diktatur ist das Gegenteil von einer Demokratie. In einer Diktatur bestimmt nur eine Partei oder eine einzelne Person über die Gesetze im Land und die Bevölkerung. Das Volk darf nicht mitbestimmen. Die Menschen werden oft eingeschüchtert. Personen, die anderer Meinung als die Regierung sind, werden bestraft – sie kommen ins Gefängnis oder werden sogar getötet. In einer Diktatur darf man seine Meinung nicht sagen, die Medien werden überwacht.

Aufgabe 5: Die Wähler sahen in Hitler einen starken Mann, der dazu in der Lage war, die Probleme dieser Zeit endlich lösen zu können. Als die NSDAP dann an der Macht war, wurden die anderen Parteien verboten. Somit hatte die Bevölkerung keine andere Wahlmöglichkeit. Außerdem wurde man unter Druck gesetzt oder musste mit dem Tod rechnen, wenn man sich gegen die NSDAP stellte. Unter Umständen landete man im Gefängnis. Deshalb fügten sich viele Deutsche.

Aufgabe 6: Der Nationalsozialismus lehnte die Demokratie ab. Im Nationalsozialismus gab es u. a. keine freien Wahlen, keine Meinungsfreiheit, keine Pressefreiheit. Der nationalsozialistische Staat war hierarchisch geordnet. An der Spitze stand der Führer (= Hitler). Er wurde geradezu verehrt. Der Nationalsozialismus betrachtete das Leben als Kampf, in dem sich der Stärkere durchsetzt. Im Weiteren war der Nationalsozialismus nationalistisch und imperialistisch ausgerichtet. Zunächst strebte der Nationalsozialismus die Korrektur des Versailler Vertrages an, später die Schaffung von Lebensraum im Osten und schließlich die Erringung der Weltherrschaft durch Deutschland. In der Rassenlehre des Nationalsozialismus wurde behauptet, die arische (= nordische, germanische) Rasse habe den höchsten Wert und sei berechtigt, über andere Völker zu herrschen. Der Nationalsozialismus strebte den Aufbau einer geschlossenen (deutschen) Volksgemeinschaft an, aber nicht die Aufhebung sozialer Unterschiede. Ferner war die nationalsozialistische Ideologie gegen die Juden eingestellt (= Antisemitismus). So wurden die Juden u.a. als „Schmarotzer“ hingestellt und bekämpft. Der Nationalsozialismus lehnte auch den Kommunismus ab und sah sich zum Kampf dagegen herausgefordert.

Aufgabe 7: a) Die Juden sind Deutschlands Unglück. Der Führer (= Hitler), der für den Schutz des Rechts sorgt, befiehlt, alle anderen Deutschen befolgen die Anordnungen. Alles muss für das deutsche Volk geschehen, ihm nützen. Der einzelne Mensch ist unbedeutend. Am begabtesten und schönsten sind die Menschen der nordischen (= germanischen) Rasse. Die deutsche Jugend muss hart, ausdauernd und schnell sein.

b) Individuelle Lösungen

Aufgabe 8: Hitler wollte, dass das Deutsche Reich eine Weltmacht wird. Dafür galt es die Sowjetunion zu unterwerfen. Sein Plan sah als Nächstes vor, Kolonien in Übersee zu erlangen. Schließlich sollte Deutschland auch die USA, Großbritannien und Japan besiegen.

Aufgabe 9: Individuelle Lösungen

2

Aufgabe 1:
a) Richtig
b) Falsch: Die NSDAP war Staatspartei. Alle anderen Parteien waren verboten.
c) Falsch: Das „Ermächtigungsgesetz" war ein Gesetz, durch das Hitler mehr Macht bekam.
d) Richtig

Aufgabe 2: Diese Rechte sind so wichtig, weil sie es ermöglichen, dass Bürger frei ihre Meinung äußern können – auch wenn diese Meinung gegen die Regierung gerichtet ist. Menschen müssen sich versammeln dürfen, um gegen die Politik der Regierung demonstrieren zu können. Auch das Post- und Briefgeheimnis ist ein wichtiges Freiheitsrecht. Wenn diese Rechte eingeschränkt oder sogar abgeschafft werden, haben die Bürger keine Möglichkeit mehr, etwas gegen die Regierung zu unternehmen.

Aufgabe 3: In einer Demokratie sind die drei Gewalten voneinander getrennt. Ziel ist es, dass sie sich gegenseitig kontrollieren, damit die Macht nicht missbraucht werden kann. Zum Beispiel darf der Bundestag (= Legislative) Gesetze beschließen. Die Bundesregierung (= Exekutive), darunter auch der Bundeskanzler, muss die Gesetze umsetzen, darf aber selbst keine beschließen. Die Richter (= Judikative) kontrollieren, ob die Gesetze den Vorschriften der Verfassung entsprechen. Gäbe es diese gegenseitige Kontrolle nicht, könnte eine einzelne Person über alles allein entscheiden – auch darüber, wer ins Gefängnis muss und wer nicht.

Aufgabe 4:
a) Mit diesem Gesetz erhielt die Reichsregierung unter der Führung von Hitler die Ermächtigung (= Macht), selbst Gesetze zu erlassen, ohne die Zustimmung des Reichstages zu benötigen.
b) Die gesetzgebende Gewalt des Reichstages wurde stark eingeschränkt. Der Reichstag tagte in der Zeit der nationalsozialistischen Herrschaft nur noch selten.
c) Individuelle Lösungen

Aufgabe 5:
a) Im Nationalsozialismus spielte die Propaganda eine besondere Rolle.
b) Die Nationalsozialisten schufen das Ministerium für Volksaufklärung und Propaganda.
c) Im März 1933 wurde Josef Goebbels Reichsminister für Volksaufklärung und Propaganda (= Propagandaminister).
d) Er hatte dieses Amt bis zum Ende der nationalsozialistischen Herrschaft im Jahr 1945 inne.
e) Goebbels war ein untersetzter, an einem Fuß behinderter Mann mit sehr großer Geltungssucht.

2

Aufgabe 5:

f) Zusammen mit seinen Mitarbeitern oblag Goebbels die Aufgabe, Werbung für den nationalsozialistischen Staat zu machen.

g) Mit großem Eifer und das deutsche Volk beeinflussenden Fähigkeiten tat dies Goebbels.

h) Der überzeugte Nationalsozialist lenkte, ja herrschte über die Presse, den Rundfunk und die Filmindustrie.

i) Der Nationalsozialismus wurde in der Öffentlichkeit positiv dargestellt, dafür sorgte das Ministerium.

j) Die Propaganda diente dazu, in der Bevölkerung das eigene Denken sowie Kritik am Nationalsozialismus von vornherein zu verhindern.

Aufgabe 6:

a) In dem Schulungsbrief der NSDAP hebt der Reichsleiter Ley Hitler besonders empor. Als Nationalsozialist fühle man sich allein Hitler verbunden. Das Gelöbnis auf Hitler soll erneuert werden:

- Auf der Erde sei nur an Hitler zu glauben.
- Der Glaube an den Nationalsozialismus mache das deutsche Volk glückselig.
- Gott im Himmel habe Hitler nach Deutschland geschickt.

b) Der Schulungsbrief diente dazu, die Adressaten auf Hitler einzuschwören.

c) Individuelle Lösungen

Aufgabe 7:

L	M	J	Z	R	W	X	A	V	E	I	Z	T	Y	H	P
F	R	E	I	H	E	I	T	S	R	E	C	H	T	E	F
Ü	K	B	V	D	R	W	X	A	M	G	D	P	Q	J	R
H	G	D	P	Q	J	S	D	Y	Ä	Q	F	L	M	J	Z
R	R	W	X	A	K	B	V	D	C	R	W	X	A	B	M
E	G	L	E	I	C	H	S	C	H	A	L	T	U	N	G
R	K	B	V	D	N	V	L	T	T	I	Z	T	Y	H	B
K	I	Z	T	Y	H	G	F	E	I	G	D	P	Q	J	N
U	A	M	G	P	R	O	P	A	G	A	N	D	A	K	U
L	G	D	P	Q	J	E	U	H	U	H	S	W	N	F	X
T	T	P	N	H	I	B	V	D	N	K	B	V	D	B	A
I	Z	T	Y	H	K	B	X	P	G	R	W	X	A	C	P
L	M	J	Z	G	G	E	G	K	S	G	D	P	Q	J	J
K	B	V	D	Z	S	L	T	V	G	E	S	T	A	P	O
G	D	P	Q	J	W	S	W	K	E	R	W	X	A	V	L
D	L	L	M	J	Z	H	M	C	S	K	B	V	D	P	X
I	Z	T	Y	H	R	W	X	A	E	I	Z	T	Y	H	H
Y	G	E	W	A	L	T	E	N	T	E	I	L	U	N	G
I	Z	T	Y	H	H	L	P	G	Z	G	D	P	Q	J	S

1. Freiheitsrechte: Im Nationalsozialismus wurden wichtige Freiheitsrechte wie z. B. das Recht auf Meinungsfreiheit eingeschränkt, ja außer Kraft gesetzt.
2. Ermächtigungsgesetz: Mit diesem Gesetz verlor der Reichstag seine Bedeutung, denn die Regierung konnte dadurch selbst Gesetze beschließen.
3. Gestapo: Das war die Geheime Staatspolizei, die für die Verhaftung politischer Gegner zuständig war.
4. Gewaltenteilung: Die Gewaltenteilung als zentrale Voraussetzung für Demokratie wurde durch das „Ermächtigungsgesetz" abgeschafft.
5. Propaganda: Das ist die Verbreitung von Meinungen mit dem Ziel, die Bevölkerung von Dingen zu überzeugen.
6. Goebbels: Er war Reichsminister für Volksaufklärung und Propaganda.
7. Führerkult: Hitler war für viele Menschen ein Vorbild, das verehrt wurde.
8. Gleichschaltung: Die NSDAP hatte die Kontrolle über alle Lebensbereiche.

Deutsche Geschichte von 1933 bis 1945
Ein informativer Überblick – Bestell-Nr. 12 339
KOHL VERLAG

3

Aufgabe 1: a) Im Gebet sollen die kleinen Kinder Hitler gedenken und ihm danken. Die kleinen Kinder sollen glauben, Hitler sorgt für das tägliche Brot und dafür, dass es keine Not mehr gibt.
Auch das Lied dient dazu, dass die kleinen Kinder Hitler verehren. Es gelte, den Führer Hitler zu lieben, ihm zu folgen, an ihn zu glauben, für ihn zu leben, ja für ihn zu sterben und damit zum Helden zu werden.

Aufgabe 2: Individuelle Lösungen

Aufgabe 3: Individuelle Lösungen

Aufgabe 4: ~~Demokratisches Denken~~ – Disziplin – ~~Einzelpersönlichkeit~~ – Gehorsam – ~~Intelligenz~~ – Kameradschaft – Körperliche Stärke – ~~Kritikfähigkeit~~ – Nationalstolz – Zuverlässigkeit

Aufgabe 5: Individuelle Lösungen

Aufgabe 6: a) Die Nationalsozialisten sahen die Hauptaufgabe der Frauen darin, Hausfrau und Mutter zu sein. Die Frauen sollten möglichst viele Kinder zur Welt bringen, damit das deutsche Volk fortbesteht. Während des Zweiten Weltkrieges wurden Frauen dazu gezwungen, u. a. in der Rüstungsindustrie, im Sanitätsdienst oder im Luftschutz zu arbeiten.

b) Individuelle Lösungen

4

Aufgabe 1: a) Mit dem Wort Antisemitismus ist Hass auf, Abneigung und Feindschaft gegen Juden gemeint.

b) Der Begriff Antisemitismus kommt vom griechischen Wort „anti“ (= gegen) sowie von der Bezeichnung „Semiten“. Semiten sind die aus Arabien stammenden in Vorderasien und Nordafrika lebenden Völker mit semitischer Sprache.

c) Der Begriff stammt vom deutschen Journalisten F.W.A. Marr, der ihn in der zweiten Hälfte des 19. Jahrhunderts prägte.

d) Zu den Gründen gehören Vorwürfe wie z. B. Juden seien Christusmörder, hätten Krankheiten, Hungersnöte, Brände verursacht, viel Geld mit z. B. Wucherzinsen verdient.

e) Die betreffenden Schriftsteller führten die angebliche Überlegenheit der „arischen Rasse“ gegenüber den Juden an – Behauptungen, die heute nicht mehr haltbar sind.

Aufgabe 2: Dargestellt ist ein Jude. Das erkennt man daran, dass Juden oft mit großen Nasen dargestellt wurden. Der Jude hat die Hände und Füße voller Geld und klammert sich an eine Erdkugel. Die Bildunterschrift lautet „Leur patrie“ – Ihr Vaterland. Dargestellt wird somit das Vorurteil vom geldgierigen Juden, der die Weltherrschaft anstrebt.

Aufgabe 3: a) Hitler und andere Nationalsozialisten behaupteten nur Schlechtes über die Juden. Sie seien „Schmarotzer“ oder „Parasiten“, „Untermenschen“, „Kulturzerstörer“, ein „Unglück für Deutschland“.

b) Viele nichtjüdische Deutsche glaubten an die Richtigkeit der Behauptungen der Nationalsozialisten. Andere Deutsche riskierten es nicht, den Nationalsozialisten zu widersprechen.

c) Die Juden dienten den Nationalsozialisten als „Sündenböcke“, die man für viele Dinge verantwortlich machen kann.

d)
1. Ächtung der Juden und allmähliche Ausschaltung aus dem öffentlichen Leben;
2. Den Juden wurden Rechte entzogen;
3. Abschiebung und Abtransport von Juden in Konzentrationslager;
4. Massentötung (= „Holocaust“) der Juden.

Aufgabe 4: a) Das Ziel der Nationalsozialisten war es, dass „das deutsche Blut reingehalten werden muss“. Deshalb durften Juden nicht deutsche Staatsangehörige heiraten. Damit sollte verhindert werden, dass sie gemeinsame Nachkommen zeugen.

b) Individuelle Lösungen

4

Aufgabe 5: Zum einen ist der Begriff „Reichskristallnacht" deshalb problematisch, da die Ausschreitungen gegen die jüdischen Mitbürger im November nicht nur in einer Nacht stattfanden, sondern eine Woche lang andauerten. Zum anderen muss der Begriff kritisch gesehen werden, weil er die Ereignisse verharmlost. Er macht nicht genügend deutlich, dass so viele Juden getötet wurden, sondern erinnert eher an zerbrochene Scheiben und zerstörte Kronleuchter. Manch einen erinnert er vielleicht sogar an ein Fest, auf dem es funkelt, blitzt und glitzert.

Aufgabe 6: Konzentrationslager, Gegner, Personengruppen, Juden, Deutschland, Polen, Außenlager, Qualen, Schätzungen, überlebt

Aufgabe 7: Individuelle Lösungen

Aufgabe 8:

a) Die Nationalsozialisten betrachteten Behinderte als Belastung für Deutschland und sprachen ihnen das Recht auf Leben ab. Alsbald ließen die Nationalsozialisten Behinderte (u. a. auch Kinder) töten.

b) Individuelle Lösungen

Aufgabe 9:

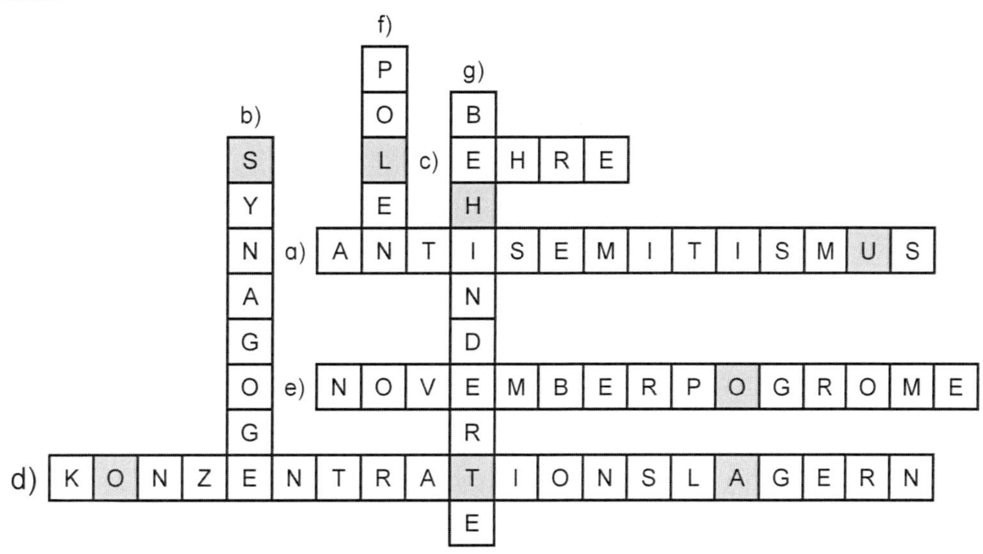

H	O	L	O	C	A	U	S	T

Aufgabe 10: Die Stolpersteine sind ein Projekt des Künstlers Gunter Demnig. Seine Absicht ist unter anderem, den NS-Opfern, die in den Konzentrationslagern zu Nummern degradiert wurden, ihre Namen zurückzugeben. Das Bücken, um die Texte auf den Stolpersteinen zu lesen, soll eine symbolische Verbeugung vor den Opfern sein. Dadurch, dass sie überall in Städten verteilt sind, können sie nicht einfach umgangen werden. Trotz des Begriffs „Stolpersteine" geht es vermutlich nicht um tatsächliches „Stolpern", sondern eher um ein Stolpern mit dem Kopf und dem Herzen.

5 **Aufgabe:**

a) Die Nationalsozialisten bauten die Arbeitslosigkeit ab 1933 ab durch Zwangsmaßnahmen wie den vorgeschriebenen Reicharbeiterdienst (ab 1933), die allgemeine Wehrpflicht (ab 1935), Ausschluss von Juden und NS-Gegnern aus dem öffentlichen Berufsleben.
b) Die Löhne stiegen insgesamt betrachtet nur wenig. Die Arbeitnehmer mussten dafür länger arbeiten sowie Überstunden machen.
c) Die Gründung der Organisation „KdF" diente dazu, die Arbeitsmoral der Arbeitnehmer zu erhöhen. Durch diese Organisation wurden preiswert u. a. Urlaubsreisen und Ausflüge angeboten.
d) Die Nationalsozialisten ordneten den Bau von Kanälen, Straßen, Autobahnen, Kasernen, Flugplätzen, Parteigebäuden und Wohnungen an.
e) Durch Siege in Kriegen erhofften sich die Nationalsozialisten viel Beute machen zu können. Damit sollten bestehende Schulden abbezahlt werden.
f) In der deutschen Wirtschaft wurden mehr und mehr Waffen, Munition, militärische Fahrzeuge, Schiffe und Flugzeuge hergestellt.
g) Für die deutsche Bevölkerung sollten eigentlich preiswerte Autos gebaut werden. Stattdessen wurden militärische Kübelwagen produziert.

6 **Aufgabe:**

a) Die Nationalsozialisten nutzten die Olympischen Spiele dazu, zumindest versuchten sie es, in der Weltöffentlichkeit einen positiven Eindruck zu hinterlassen. Während der Olympischen Spiele waren öffentlich keine antijüdischen Plakate, Schilder und Schriften zu sehen. Vorgetäuscht wurde, der Nationalsozialismus sei nicht auf Krieg, sondern auf Frieden bedacht.
b) Vor allem bei den Olympischen Sommerspielen waren die deutschen Sportler sehr erfolgreich. Deutschland belegte eindeutig den 1. Platz im Medaillenspiegel.
c) Durch die gezielte Auswahl von talentierten Sportlern und die Schaffung von intensiven Trainingsmöglichkeiten hatten die Nationalsozialisten die Voraussetzungen für die sportlichen Erfolge ermöglicht.
d) Kein Deutscher war der absolute Star der Olympischen Sommerspiele, sondern ein US-Amerikaner, der dunkelhäutige Jesse Owens. Zudem missfiel den Nationalsozialisten, dass ein farbiger Sportler der absolute Star der Olympischen Spiele war. Das widersprach der Rasssentherorie der Nationalsozialisten, wonach die weiße Rasse (= germanische) die überlegene Rasse sei.
e) Individuelle Lösungen

7

Aufgabe 1:

Oktober 1933	Austritt aus dem Völkerbund
1934	Nichtangriffspakt mit Polen
1. März 1935	Anschluss des Saargebietes an das Deutsche Reich
16. März 1935	Wiedereinführung der allgemeinen Wehrpflicht
Juni 1935	Flottenabkommen mit Großbritannien
1936	Einmarsch ins Rheinland

Aufgabe 2: Individuelle Lösungen

Aufgabe 3:

Lösungswort:

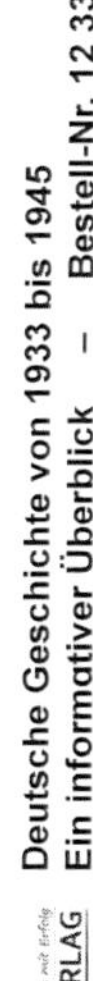

Aufgabe 4: Mögliche Lösung: „Die Kriegsvorbereitungen der Nationalsozialisten“

Zusammenfassung I

Geschichte auf Bildern I

Aufgabe 1: **Bild 1:**

Hitler wurde 1933 deutscher Reichskanzler. Nach dem Tod des Reichspräsidenten von Hindenburg nannte sich Hitler „Reichskanzler und Führer". Mit seinen Reden gelang es Hitler, viele Deutsche für sich und den Nationalsozialismus zu gewinnen, zu beeinflussen und zu lenken.

Bild 2:

Ein besonderer Hass der Nationalsozialisten richtete sich gegen die Juden (= Antisemitismus). Die Juden dienten den Nationalsozialisten als „Sündenbock" für viele Dinge. Die Nationalsozialisten ächteten die Juden zunächst. Schließlich ließen sie sehr viele Juden ermorden.

Bild 3:

Unter den Nationalsozialisten wurde Deutschland 1933 eine Diktatur und blieb es bis 1945. An der Spitze des Staates stand als Diktator (=„Führer") Hitler. Nur (s)eine Partei war erlaubt, die Nationalsozialistische Deutsche Arbeiterpartei (= NSDAP). Der „Führer" Hitler befahl: An ihn galt es zu glauben, ihm galt es zu gehorchen und es galt, für ihn zu kämpfen.

Bild 4:

Während der Herrschaft der Nationalsozialisten gab es keine freien Wahlen. Wenn es zu einer Volksabstimmung kam, wurde den Abstimmungsberechtigten quasi die Entscheidung vorgegeben (siehe die beiden unterschiedlichen Kreise auf dem Stimmzettel). Es war riskant, auf dem Stimmzettel das „Nein" anzukreuzen.

Deutschland 1933-1939 – ein Test

Aufgabe 2:

1. ... Diktatur.
2. ... Hitler zum Reichskanzler.
3. ... Gesetze zu beschließen.
4. Alle Lebensbereiche wurden den nationalsozialistischen Vorstellungen angepasst und kontrolliert.
5. ... „Führer und Reichskanzler".
6. ... Nationalsozialistische Deutsche Arbeiterpartei.
7. ... „Unglück für Deutschland" und „Schmarotzer".
8. „Du bist nichts, dein Volk ist alles!".
9. „Hart wie Kruppstahl, zäh wie Leder und flink wie ein Wiesel".
10. „Heil, Hitler!".
11. ... Kampf, in dem sich der Stärkere durchsetzt.
12. politische Gegner, Juden, Sinti, Roma, Russen, usw. .
13. ... eine Belastung für Deutschland, die kein Recht auf Leben haben.
14. ... Hausfrau und Mutter mit möglichst vielen Kindern sein.
15. ... den Reichsarbeitsdienst, die Einführung der allgemeinen Wehrpflicht, den Ausschluss von Juden aus dem Berufsleben, usw. .
16. ... einen positiven Eindruck zu erwecken.
17. Die deutsche Wehrmacht müsse in vier Jahren einsatzfähig und die deutsche Wirtschaft in vier Jahren kriegsbereit sein.
18. ... deutsche Soldaten in Österreich ein.
19. ... deutsche Truppen Tschechien.
20. ... mit der Sowjetunion einen Nichtangriffsvertrag ab.

8

Aufgabe 1: Auf Anordnung von Hitler überfallen deutsche Truppen am 01.09.1939 um 4.45 Uhr das Nachbarland Polen. Schon ein paar Minuten früher greifen deutsche Sturzkampfbomber die polnische Kleinstadt Wielun an. In einer Rede am Vormittag des 01.09.1939 vor dem Reichstag behauptet Hitler, Polen habe Deutschland durch mehrere (schwere) Grenzzwischenfälle provoziert. Doch diese Behauptung entspricht nicht den Tatsachen. Die angeblich polnischen Grenzüberfälle sind von Deutschland vorgetäuscht.

Aufgabe 2: Individuelle Lösungen

Aufgabe 3: Kriegserklärung, militärisch, Streitkräfte, Polen, Soldaten, Waffen, Blitzkrieg, Untermenschen, Zusatzprotokoll, Staat

Aufgabe 4: Individuelle Lösungen

Aufgabe 5:

a. ... deutsche Soldaten zusammen mit Truppen von Verbündeten im Juni 1941 die Sowjetunion an.

b. ... weit in der Sowjetunion vor.

c. ... kamen die Angriffe aber zum Stehen.

d. ... konnten von deutschen Truppen nicht eingenommen werden.

e. ... deutschen Soldaten, sich bis Stalingrad und bis in die Nähe des Kaukasus vorzukämpfen.

f. ... wurde in Stalingrad jedoch von sowjetischen Truppen eingekesselt.

g. ... Hitler verboten, den Kessel nach Westen zu durchbrechen und sich zurückzuziehen.

h. ... musste die 6. Armee kapitulieren.

i. ... Soldaten und die der Verbündeten immer weiter nach Westen zurück.

j. ... sowjetische Truppen im Dezember 1944 auf deutsches Staatsgebiet (in Ostpreußen).

Aufgabe 6: Individuelle Lösungen

Aufgabe 7: Individuelle Lösungen

Aufgabe 8: Die Bevölkerung in den eroberten Ostgebieten sollte laut Hitlers Vorstellung nicht an medizinischen Gesundheitsmaßnahmen teilhaben. Außerdem sollte sie so wenig Bildung wie möglich erhalten.

Aufgabe 9: Die Nationalsozialisten hatten kein Interesse daran, dass die ihnen unterworfene Bevölkerung im Osten medizinisch gesund ist. Ihre Ideologie sah schließlich vor, dass sich das deutsche Volk vermehren muss. Die „deutsche Rasse" sollte sich gegenüber anderen Völkern durchsetzen. Auch sahen die Nationalsozialisten keine Notwendigkeit darin, dass sich die unterworfene Bevölkerung bilden müsse – im Gegenteil: je mehr eine Gesellschaft weiß, desto höher ist die Gefahr, dass sie sich gegen den Besatzer wendet und politisch unbequem wird.

Aufgabe 10: Individuelle Lösungen

Aufgabe 11: Durch den Krieg gingen der Wirtschaft viele arbeitsfähige Männer verloren. Gleichzeitig stieg der Bedarf an Gütern, vor allem an Rüstungsmaterial, das für die Kriegsführung benötigt wurde. Deshalb wurden ausländische Zwangsarbeiter in der deutschen Wirtschaft eingesetzt.

Aufgabe 12: Individuelle Lösungen

Aufgabe 13:

a) Falsch: Japanische Flugzeuge griffen im Dezember 1941 den US-amerikanischen Militärstützpunkt Pearl Harbor auf Hawaii an.

b) Richtig

c) Richtig

d) Richtig

e) Falsch: Die britische und die US-amerikanische Luftwaffe waren der deutschen Luftwaffe überlegen.

f) Richtig

g) Falsch: Alliierte landeten auch im Norden Frankreichs in der Normandie.

h) Falsch: Im September 1944 drangen zum ersten Mal Truppen der Alliierten über die vorherige Westgrenze Deutschlands vor.

8

Aufgabe 14:

Achsenmächte und Verbündete	Alliierte und Verbündete
Deutsches Reich, Italien, Japan, Ungarn, Rumänien, Slowakei, Bulgarien, Finnland, Kroatien, Republik China (= Nanking-China)	Sowjetunion, Großbritannien, USA, Frankreich, Polen, Norwegen, Belgien, Niederlande, Griechenland, Kanada, Australien ...

Aufgabe 15: Individuelle Lösungen

Aufgabe 16:

a. Der Reichspropagandaminister Goebbels rief zum „totalen Krieg“ auf.
b. Vom Osten drangen die sowjetischen Truppen nach Deutschland vor.
c. Vom Westen kämpften sich hauptsächlich die US-amerikanischen und britischen Soldaten nach Deutschland vor.
d. Durch den Einsatz von „Wunderwaffen des Führers Hitler“ sollte es zu einer Wende im Zweiten Weltkrieg kommen.
e. Hitler befahl die Bildung eines Volkssturms.
f. Die Deserteure (= „Fahnenflüchtige“) wurden zum Tode verurteilt und hingerichtet.

Aufgabe 17:

a. Hitler beging Ende April 1945 Selbstmord.
b. Hitler sei als Held im Kampf gestorben.
c. Kurz vor dem Selbstmord ernannte Hitler den Admiral Dönitz zu seinem Nachfolger als Reichspräsident und zum Oberbefehlshaber der Wehrmacht.
d. Der Zweite Weltkrieg in Europa endete mit der deutschen Kapitulation Anfang Mai 1945.
e. In Asien endete der Zweite Weltkrieg Anfang September 1945 mit der japanischen Kapitulation. Zuvor hatten die USA jeweils eine Atombombe auf zwei japanische Städte abgeworfen.

Aufgabe 18: Individuelle Lösungen

Aufgabe 19: Individuelle Lösungen

Aufgabe 20: Individuelle Lösungen

Aufgabe 21:

1. Noch vor der deutschen Kapitulation fand im Februar 1945 eine bedeutende Konferenz statt.
2. Im sowjetischen Kurort Jalta auf der Halbinsel Krim trafen sich die führenden Politiker der USA, Großbritannien und der Sowjetunion.
3. Diese waren der US-amerikanische Präsident Roosevelt, der britische Premierminister Churchill sowie der sowjetische Diktator Stalin.
4. Die drei Politiker vereinbarten u.a., nach der deutschen Kapitulation sollte Deutschland in vier Besatzungszonen aufgeteilt werden.
5. Ein Alliierter Kontrollrat mit französischer Beteiligung sei zu bilden.
6. Beschlossen wurden im Weiteren die Entmilitarisierung und Entnazifizierung Deutschlands.
7. Zudem wurde die Bildung einer Kommission zur Bestimmung der zukünftigen deutschen Reparationen abgemacht.
8. Polen sollte einen Zuwachs an Gebieten im Norden und im Westen erhalten.
9. Anfang Mai 1945 kam es zur bedingungslosen Kapitulation Deutschlands gegenüber den Alliierten.
10. Danach wurden Vereinbarungen der Jalta-Konferenz auf der Potsdamer Konferenz (17.7.-2.8.1945) bestätigt, konkretisiert und schließlich durchgeführt.

Aufgabe 22: Individuelle Lösungen

Aufgabe 23: Individuelle Lösungen

Aufgabe 24: Individuelle Lösungen

9

Aufgabe 1: Individuelle Lösungen

Aufgabe 2: Helmuth Hübener kritisiert die Hitlerjugend. Er will mit seinem Flugblatt die Menschen – insbesondere die Jugend – aufwecken, indem er die Methoden aufdeckt, mit denen die Jugend zu nationalsozialistischem Denken erzogen wird: durch Einschüchterung, Unterdrückung und Tyrannei. Deshalb ruft er dazu auf, gegenüber der Hitlerjugend Widerstand zu leisten.

Aufgabe 3: In den Auszügen geht es um:

- die Freiheitsberaubung des deutschen Volkes durch die Nationalsozialisten;
- die politische Manipulation der Bürger;
- das Aufzwingen einer einheitlichen Weltanschauung;
- Zerstörung der deutschen Ehre.

Aufgabe 4: Individuelle Lösungen

Aufgabe 5: Individuelle Lösungen

10

Aufgabe 1:

a) mit der Kapitulation Deutschlands
b) USA, Großbritannien, Frankreich, Sowjetunion
c) Deutschland zu entnazifizieren und zu demokratisieren.
d)
- 12 Angeklagte zum Tode verurteilt;
- 7 Angeklagte zu Haftstrafen zwischen lebenslänglich und 10 Jahren verurteilt;
- 3 Angeklagte freigesprochen.

e) ca. 1 % der deutschen Bevölkerung

Aufgabe 2: Individuelle Lösungen

Aufgabe 3: Individuelle Lösungen

Aufgabe 4: Mögliche Lösung:
Aus der Geschichte lässt sich lernen: Die nationalsozialistische Herrschaft ist ein exemplarisches, warnendes Beispiel u. a. für die Unterdrückung von Menschen. Wir sollten es zu schätzen wissen und darüber froh sein, heute in der Bundesrepublik Deutschland in einem demokratischen Staat leben zu können. Die Vergangenheit zeigt: Wenn man in einer Demokratie (= Weimarer Republik) nicht aufpasst und nicht gegensteuert, erwacht man in einer Diktatur (= Nationalsozialismus). Deshalb gilt es alles dafür zu tun, dass sich so etwas wie die nationalsozialistische Herrschaft nicht wiederholt …

Aufgabe 5: Typisch für „Neonazis“ sind:

- Identifizierung mit dem Nationalsozialismus;
- überzogener Nationalismus;
- Ausländerfeindlichkeit;
- Rassismus;
- Antisemitismus;
- verbale und körperliche Gewalt;
- anstreben eines Führerstaates;
- Ablehnung der Demokratie.

Aufgabe 6: a) umd b) individuelle Lösungen

Zusammenfassung II

Geschichte auf Bildern II

Aufgabe 1:

Bild 1:

Am 01.09.1939 überfielen deutsche Truppen auf Befehl von Hitler das Nachbarland Polen. Damit begann der Zweite Weltkrieg, der von 1939 bis 1945 dauerte. Auf den deutschen Überfall auf Polen reagierten Großbritannien und Frankreich mit einer Kriegserklärung an Deutschland ohne jedoch vorerst in das militärische Geschehen einzugreifen.

Bild 2:

Nach schnellen Anfangserfolgen („Blitzsiegen") überschätzte Hitler die militärische Stärke Deutschlands und der Verbündeten bei Weitem. Immer mehr Menschen starben im Verlauf des Zweiten Weltkrieges, darunter auch viele deutsche Soldaten. Dennoch ließ Hitler den Krieg fortsetzen.

Bild 3:

Am 20. Juli 1944 verübte der Generalstabsoffizier von Stauffenberg ein Bombenattentat auf Hitler im Führerhauptquartier „Wolfsschanze" in Ostpreußen. Doch Hitler überlebte auch dieses Attentat. Noch in dieser Nacht vom 20.07. zum 21.07.1944 wurde von Stauffenberg standrechtlich erschossen.

Bild 4:

Im April 1944 drangen sowjetische Soldaten nach Berlin vor. Hitler beging Selbstmord, um nicht in sowjetische Gefangenschaft zu geraten. Schließlich besetzten sowjetische Truppen ganz Berlin. Anfang Mai 1945 kapitulierte Deutschland.

Deutschland im Zweiten Weltkrieg (1939-1945) – ein Test

Aufgabe 2:

1. ... dem deutschen Angriff auf Polen.
2. ... Truppen Dänemark, Norwegen, ab Mai 1940 Niederlande, Belgien, Luxemburg, Frankreich.
3. ... einen in sehr kurzer Zeit errungenen Erfolg.
4. ... Italien, Japan, Ungarn, Rumänien, Bulgarien, Finnland ...
5. ... die Sowjetunion an.
6. ... den Krieg an die USA.
7. ... die USA, Großbritannien, Frankreich und die Sowjetunion.
8. ... von russischen Truppen eingekesselt und schließlich geschlagen.
9. ... Judenhass, der sich in der Ermordung sehr vieler Juden zeigte.
10. ... ließen die Nationalsozialisten ermorden.
11. ... zum „totalen Krieg" auf.
12. ... die Invasion an der Westküste Frankreichs in der Normandie.
13. ... Generalstabsoffizier von Stauffenberg ein Attentat auf Hitler.
14. ... der US-amerikanische Präsident Roosevelt, der britische Premierminister Churchill und der sowjetische Diktator Stalin.
15. ... u. a. die Aufteilung Deutschlands in vier Besatzungszonen nach der deutschen Kapitulation.
16. ... Soldaten, die sich von ihrer militärischen Einheit entfernen, nicht (mehr) bereit sind zu kämpfen ...
17. ... 30.04.1945 in Berlin Selbstmord.
18. ... mit der deutschen Kapitulation Anfang Mai 1945.
19. ... mit der japanischen Kapitulation Anfang September 1945.
20. ... ca. 55 Millionen Menschen. Unter ihnen waren etwa 20 Millionen Sowjetrussen (davon ungefähr 13 Millionen tote sowjetische Soldaten).

12 Lösungen

! Zusammenfassung II

Deutsche Geschichte 1933-1945 von A bis Z

Aufgabe 3: Mögliche Lösungen:

A	Antisemitismus
B	Blitzkrieg
C	Chamberlain
D	Diktatur
E	Ermächtigungsgesetz
F	Führer
G	Gleichschaltung
H	Hitler
I	Invasion
J	Juden
K	Konzentrationslager
L	Luftwaffe
M	Münchner Abkommen
N	NSDAP
O	Olympische Spiele
P	Propaganda
Q	Qualen
R	Rassenpolitik
S	Sozialdarwinismus
T	Totaler Krieg
U	USA
V	Volkssturm
W	Widerstand
Z	Zwangsarbeit

Präsentation

Aufgabe 4: Individuelle Lösungen

Eine ausgedachte Reportage („Geschichte live")

Aufgabe 5: Individuelle Lösungen

11 Zeittafel

30.01.1933:	Ernennung Hitlers zum Reichskanzler durch den Reichspräsidenten von Hindenburg
24.03.1933:	„Ermächtigungsgesetz" („Gesetz zur Behebung der Not von Volk und Reich")
02.08.1934:	Tod des Reichspräsidenten von Hindenburg; Ernennung Hitlers zum Staatsoberhaupt („Reichskanzler und Führer")
16.03.1935:	Einführung der allgemeinen Wehrpflicht in Deutschland
15.09.1935:	„Gesetz zum Schutz des deutschen Blutes und der deutschen Ehre"
01.12.1036:	„Gesetz über die Hitlerjugend"
12.03.1938:	Einmarsch deutscher Truppen in Österreich
29.09.1938:	Münchner Abkommen
9./10.11.1938:	Judenpogrom („Reichskristallnacht")
15.03.1939:	Einmarsch deutscher Truppen in die Tschechoslowakei
23.08.1939:	Deutsch-Sowjetischer Nichtangriffsvertrag
01.09.1939:	Beginn des Zweiten Weltkrieges (deutscher Überfall auf Polen)
22.06.1941:	Deutscher Angriff auf die Sowjetunion
11.12.1941:	Deutsche Kriegserklärung an die USA
31.1./02.02.1943:	Kapitulation deutscher Truppen in Stalingrad
18.02.1943:	Verkündung des „totalen Krieges" durch den Propagandaminister Goebbels
06.06.1944:	Landung der Alliierten in Frankreich (Normandie)
20.07.1944:	Attentat auf Hitler durch den Generalstabsoffizier von Stauffenberg
30.04.1945:	Selbstmord Hitlers
07.05./08.05.1945:	Kapitulation Deutschlands

Deutsche Geschichte von 1933 bis 1945
Ein informativer Überblick – Bestell-Nr. 12 339

Bildquellennachweis:

Seite 6: © Bundesarchiv Bild-183-S51610, Hindenburg - wikimedia.org;
© Bundesarchiv Bild-102-02985A, Fackelzug - wikimedia.org;
Seite 7: **Bild 1:** © Stephi - AdobeStock.com;
Bild 2: © Bundesarchiv Bild-102-14569, Hindenburg und Hitler - wikimedia.org;
Seite 9: © Stimmzettel zur Reichstagswahl im März 1933 - wikimedia.org, gemeinfrei;
Seite 10: © Zdenek Sasek - AdobeStock.com;
Seite 11: © Stephi - AdobeStock.com;
Seite 14: © Ermächtigungsgesetz 1+2 - wikimedia.org, gemeinfrei;
Seite 15: **Bild 1:** © thingamajiggs - AdobeStock.com;
Bild 2: © Ermächtigungsgesetz - wikimedia.org, gemeinfrei;
Seite 19: © Kinder im NS - wikimedia_Wolfmann;
Seite 20: © LiliGraphie - AdobeStock.com;
Seite 21: **Bild 1:** © Bundesarchiv Bild-146-1981-053-35A, NS-Erziehung - wikimedia.org;
Bild 2: © Bundesarchiv Bild-183-J02938, Nähstube des BDM - wikimedia.org;
Seite 23: **Bild 1:** © Bundesarchiv Bild-146-1973-010-31, Mutter mit Kindern - wikimedia.org;
Bild 2: © Mutterkreuz - wikimedia.org, gemeinfrei;
Seite 24: © Anitsemitismus - wikimedia.org, gemeinfrei;
Seite 25: © Anitsemitismus Karrikatur - wikimedia.org, gemeinfrei;
Seite 26: © Brand Rostocker Synagoge - wikimedia.org, gemeinfrei;
Seite 27: © Bundesarchiv, Bild 285-04413, KZ Auschwitz Einfahrt - wikimedia.org;
Seite 28: © Blutzschutzgesetz - wikimedia.org, gemeinfrei;
Seite 29: © Bundesarchiv Bild 146-1979-046-23, Novemberprogrome - wikimedia.org;
Seite 30: © Bundesarchiv Bild 183-35011-0004, KZ - wikimedia.org;
Seite 31: © Pirna Sonnenstein - wikimedia_dawei;
Seite 32: © Axel Mauruszat - wikimedia.com
Seite 33: © Bundesarchiv Bild 145-022078, Reichsarbeitsdienst Straßenbau - wikimedia.org;
Seite 35: **Bild 1:** © Bundesarchiv Bild-145-P017073, Olympische Spiele im Olympiastadion - wikimedia.org;
Bild 2: © Bundesarchiv Bild-183-R96374, Jesse Owens beim Weitsprung - wikimedia.org;
Seite 36: © Yaroslav - AdobeStock.com;
Seite 38: © Bundesarchiv Bild 183-R69173, Münchener Abkommen - wikimedia.org;
Seite 40: **Bild 1:** © Bundesarchiv Bild-101I-808-1238-05, Rede Hitler - wikimedia.org;
Bild 2: © Bundesarchiv Bild-183-R70355, Boykott jüdischer Geschäfte - wikimedia.org;
Bild 3: © Stimmzettel - wikimedia.org, gemeinfrei;
Seite 41: © joannarosado - AdobeStock.com;
Seite 42: © Trueffelpix - AdobeStock.com;
Seite 43: © Deutsche an polnischer Grenze - wikimedia.org, gemeinfrei;
Seite 44: © Deutsches Schlachtschiff - wikimedia.org, gemeinfrei;
Seite 45: © Bundesarchiv Bild 101I-753-0010-19A, Deutscher Kübelwagen - wikimedia.org;
Seite 46: © Zweiter Weltkrieg Europa - wikimedia_San Jose;
Seite 48: © praewpailin - AdobeStock.com;
Seite 49: © savanno (3x) - AdobeStock.com; © Massaker - wikimedia.org, gemeinfrei;
Seite 51: © Bundesarchiv Bild N-1576-Bild 002, Zwangsarbeiter - wikimedia.org;
Seite 52: © Pearl Harbour - wikimedia_Imperial Japanese Navy;
Seite 53: © gemeinfrei - wikimedia.com
Seite 54: © Bundesarchiv Bild 146-1979-107-09, Volkssturmmann mit Gewehr - wikimedia.org;
Seite 55: © Volkssturm - wikimedia.org, gemeinfrei;
Seite 56: **Bild 1:** © Kapitulation Reims - wikimedia.org, gemeinfrei;
Bild 2: © Aachener Nachrichten 8. Mai 1945 - wikimedia.org, gemeinfrei;
Bild 3: © Nagasaki - wikimedia.org, gemeinfrei;
Seite 57: © methaphum - AdobeStock.com
Seite 58: © aus dem Privatbesitz von Friedhelm Heitmann
Seite 60: © Reichstagsgebäude nach dem Krieg - wikimedia.org, gemeinfrei;
Seite 61: © Bundesarchiv Bild 183-R72903, bettelnder Invalide - wikimedia.org;
Seite 62: © Stauffenberg - wikimedia.org, gemeinfrei;
Seite 63: © Helmuth Hübener - wikimedia.org, gemeinfrei;
Seite 64: © Scholl-Denkmal - wikimedia_Gryffindor;
Seite 65: © Bundesarchiv Bild 146-1987-074-16, Dietrich Bonhoeffer - wikimedia.org;
Seite 66: © Bundesarchiv Bild 183-H27798, Nürnberger Prozesse - wikimedia.org;
Seite 68: © Animaflora PicsStock - AdobeStock.com;
Seite 69: **Bild 1:** © Deutsche an polnischer Grenze - wikimedia.org, gemeinfrei;
Bild 2: © Soldatenfriedhof - wikimedia_Volksbund Deutsche Kriegsgräberfürsorge e.V.;
Bild 3: © Gedenktafel Graf Stauffenberg - wikimedia.org, gemeinfrei;
Bild 4: © Kapitulation - wikimedia.org, gemeinfrei;
Seite 70: © Karolina Madej - AdobeStock.com;
Seite 71: © Trueffelpix - AdobeStock.com;
Seite 72: © slaved - AdobeStock.com;
Seite 73: © Trueffelpix (2 x) - AdobeStock.com